Début d'une série de documents
en couleur

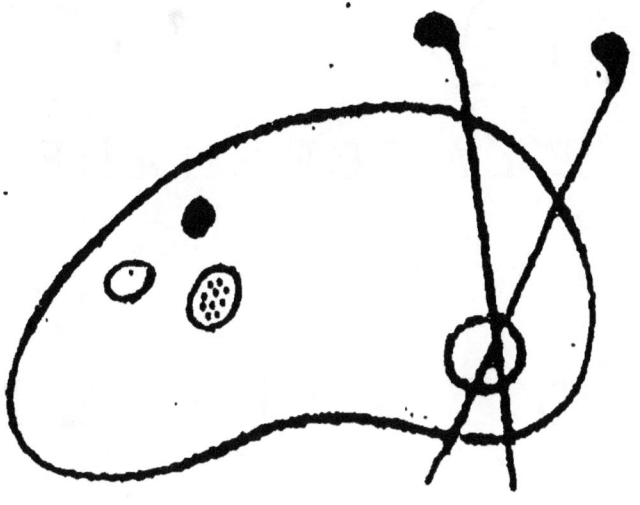

Fin d'une série de documents en couleur

LA SERÉNADE

DE

DON JUAN

EMILE COLIN. — IMPRIMERIE DE LAGNY.

PHILIBERT AUDEBRAND

LA SÉRÉNADE
DE
DON JUAN

PARIS

DENTU ET Cie, ÉDITEURS

LIBRAIRES DE LA SOCIÉTÉ DES GENS DE LETTRES

PALAIS-ROYAL, 15-17-19, GALERIE D'ORLÉANS

ET 3, PLACE VALOIS

—

1887

(Tous droits de traduction et de reproduction réservés)

A JULES CLARETIE.

P. A.

POURQUOI CE TITRE?

Un seul mot, en manière de préface.

De l'aveu de quiconque a un cœur et des oreilles, Mozart est le plus grand des musiciens comme Shakespeare est le plus grand des dramaturges, comme Molière est le plus grand des poètes comiques. Autre fait, universellement accepté. Dans l'œuvre de l'illustre compositeur, le DON JUAN *occupe la première place et, dans cet opéra, pour les dilettanti les plus raffinés, la Sérénade passe pour être le chef-d'œuvre des chef-d'œuvre.*

Qu'est-ce que la musique? Jusqu'à ce jour, on n'est point parvenu à trouver une définition qui puisse satisfaire tout le monde. Suivant le sens antique et primitif, ce n'était point une science particulière ni un art spécial; c'était tout ce qui appartenait aux Muses et en dépendait, l'harmonie sociale, en un mot. Mais, en 1887, à Paris, on ne se méprend pas sur la chose. On sait surtout que la société moderne ne saurait vivre sans musique. La musique est partout. On la trouve à la maison, qu'elle console; au temple, où elle élève l'âme; sur la place publique, qu'elle anime; à l'école, où elle forme les jeunes cœurs; dans l'atelier et à la caserne, où elle nourrit le courage. Elle est surtout, le soir, au théâtre et dans les réunions populaires, où elle délasse des labeurs et des ennuis de la journée.

Joyeuse ou mélancolique, rêveuse ou emportée, la musique ne peut pas sortir du cercle qui a été tracé par la SÉRÉNADE DE DON JUAN. Tout est là-dedans. On commence par y rire et l'on arrive peu à peu à y pleurer; Don Juan y joue son long rôle; il passe et enlève une à une les jeunes filles, et il se moque. A un moment, il rencontre Elvire, la désire, l'appelle, soupire, simule le désespoir, l'obtient et la délaisse ensuite comme il a fait pour Zerline. Le merveilleux drame, avec ses soubresauts d'amour, de tromperie, de gaieté folle et d'épouvante est résumé dans cet incomparable morceau du divin opéra.

On pense bien que l'auteur du présent livre n'a jamais eu un seul instant la prétention de faire rien qui puisse approcher de l'œuvre de Mozart, mais comme, dans ce volume, il n'est question que de musique, de musiciens et de scènes de la vie d'artiste, il a songé à abriter ces pages sous l'enseigne de l'incomparable Sérénade. A bien prendre les choses, ce sont là des Souvenirs, presque des Mémoires. Ça et là, on pourra y glaner un peu d'histoire se rapportant aux temps actuels.

En résumé, ce sera donc un coup d'œil jeté sur le monde musical de 1830 à 1887, quelque chose comme le pendant à un premier ouvrage, qui a pour titre : PETITS MÉMOIRES D'UNE STALLE D'ORCHESTRE.

P. A.

LA SÉRÉNADE
DE DON JUAN

CHAPITRE PREMIER

L'OPÉRA DE LA RUE

I

PRÉLUDES

Tenez, je parle de l'opéra le plus merveilleux qui soit au monde. On ne l'affiche point, il est vrai, comme *Guillaume Tell* ni comme *Robert-le-Diable*; mais, pour cela, ne croyez pas qu'il fasse jamais relâche. Non, il ne manque point de se faire entendre un seul jour. Chaque matin, ce grand drame lyrique, qui a bien aussi son cachet particulier, procède sur un ton différent : tantôt doux comme un chœur mélancolique de Donizetti, tantôt éclatant de rire comme une joyeuse composition de Cimarosa. Bien qu'il n'ait à obéir ni aux ordres d'un régisseur, ni aux caprices d'un public, il commence toujours régulièrement à la même heure, c'est-à-dire avec l'aube aux doigts de rose. Méthodique et confus tout à la fois dans ses allures, il tient du concert de salon et de l'ancien charivari républicain, naguère en vogue dans nos provinces.

II

L'OUVERTURE

L'opéra de la rue est essentiellement parisien.
Écoutez.

— Dès six heures du matin, en été ; dès huit heures, au petit jour, en hiver, l'ouverture s'approche, pareille à une vague qui monte :

Les portes secrètes qui crient doucement sur leurs gonds ;

La laitière d'Yvry qui arrive en charrette, tout en faisant claquer son petit fouet de chanvre ;

Les persiennes qui vont se heurter contre le mur ;

Les jalousies qui replient leurs lames discrètes avec un petit ricanement moqueur et saccadé ;

Le porteur de journaux qui fait résonner sur l'asphalte du trottoir des souliers cuirassés de clous à triple tête ;

Les bornes-fontaines qui bondissent comme autant de cataractes du Niagara ;

Les voitures qui s'ébranlent en même temps sur tous les points de la grande cité.

Voilà ce qui forme l'ouverture de ce formidable concert.

III

PREMIÈRES SCÈNES

A une demi-heure de là, il se fait un petit silence, interrompu seulement par le bâillement des dormeurs nonchalants; à trois quarts d'heure de l'ouverture, on se disait, en se détirant les bras : « Me lèverai-je? Ne me lèverai-je pas? » Une mouche bourdonne dans les alentours et assoupit tout bon vouloir, en sorte que la tête retombe sur l'oreiller et qu'on reste au lit jusqu'à neuf heures.

A neuf heures, Paula, vous savez, la blonde Paula, si fière de son irrésistible beauté, s'éveille en sursaut.

— Quel vilain rêve! Une rixe! des épées! du sang! Cela vient de la Gaîté, où je suis allée hier voir la *Fausse Adultère*. Toute cette nuit m'a fait une belle peur! Je n'irai plus qu'au théâtre de Polichinelle.

Lélio, ce pauvre fou, encore sentimental, malgré la date de 1886, qui dit combien nous sommes avant dans un âge de fer, dans un temps de prose et de réalisme, Lélio, aussi, s'éveille en secouant la chaîne brisée d'un songe.

— *Elle* me trompe; — rien de plus certain! C'est elle que j'ai aperçue, en robe de taffetas rose, avec ce grand benêt que je ne peux pas voir en peinture! Denise, comptez que j'irai vous faire une scène, ce soir, chez vous, devant tout le monde!

D'autres par milliers :

— Ces romans du jour me donnent la migraine !

— Ces vers des poètereaux d'à-présent m'enveloppent de cauchemar !

— Ces histoires des grands politiques me condamnent à une éternelle nuit blanche !

— Ces journaux si spirituels d'à-présent me coiffent la tête d'un bonnet de plomb !

Ailleurs :

— Ce soir, un bal ; j'aurai des roses blanches dans les cheveux !

— Ce soir, je souperai d'une dinde aux truffes !

Et les fils de M. Jourdain :

— Nicole ! mes pantoufles et ma robe de chambre !

Paris s'est éveillé.

IV

LES TÉNORS

L'horloge de l'Hôtel-de-Ville sonne dix heures.

A moins d'avoir une chambre matelassée et ayant un double rempart de bourrelets et de rideaux, il est impossible de fermer l'œil. Les cavatines se succèdent alors sans interruption jusqu'au soir.

Le premier chanteur qui entre en scène, c'est le vitrier. — Un ténor léger, s'il en fut jamais. — La casquette lustrée sur l'oreille, les mains ballantes, on le voit sillonner les rues avec son fragile bagage retenu au dos par un réseau de petites ficelles. D'un seul coup d'œil, le vitrier voit si, du rez-de-chaussée jusqu'à la fenêtre en tabatière du sixième étage, l'orage, l'amour, la grêle ou même les balles de l'émeute lui ont laissé beaucoup de désastres à réparer. Il ne fait que passer, et, de même que la mésange, semble ne concentrer sa force que dans ce seul cri :

— *Bon vitrrrrier !!!*

Arsène Houssaye, qui d'ordinaire fait de si jolis vers, s'est amusé à faire une chanson en prose sur le passage du vitrier à travers les rues de Paris. — *Encore un carreau de cassé !...* Je ne me rappelle plus que ce début. *Numeros memini... Si verba tenerem ?* Non, je n'ai pas retenu les paroles. Tout ce que je sais, c'est que ce carreau cassé, c'est encore un homme qui vient de mourir, et le vitrier ne s'arrête pas pour si peu. Est-ce que ce vitrier à figure macabre ne serait pas la personnification de la Mort elle-même ? Mais, au fait, le théâtre des Variétés a mis en couplet la prose d'Arsène Houssaye :

> Encore un carreau d'cassé !
> V'là le vitrier qui passe,
> Encore un carreau d'cassé !
> V'là l'vitrier passé !

Ça, c'est de la philosophie à la manière de l'ancienne Egypte.

Immédiatement après, arrive le marchand d'habits, type déjà vieilli, chansonné autrefois par Béranger, peint par Gavarni. — Nazillard, cet autre ne varie jamais les termes de son récitatif :

— *Vieux habits ! vieux galons à vendre ?*

Une prima donna lui succède. Dieu sait avec quels frémissements d'impatience elle est reçue lorsqu'elle s'écrie :

— *Du mo-ron pour les p'tits oiseaux!*

Vient ensuite l'enfant du Puy-de-Dôme, qui réunit deux diphtongues dans une seule émission de voix :

— *A l'eau!*

V

LE PIANO DE LA VOISINE

Pour votre malheur, jeune ou non, vous avez presque toujours une voisine adorable, brune, blonde, cendrée, selon les fantaisies de la destinée, mais dont la silhouette lointaine vous met la tête à l'envers. Ce n'est pas précisément de cela qu'il faut se plaindre; c'est le piano de la voisine qu'on doit mettre en cause.

Du matin au soir, en toute saison, un supplice inconnu des anciens s'organise. La jolie recluse ne quitte pas son piano. On ne peut pas dire si elle en perd le boire et le manger, mais, à coup sûr, elle devra en perdre la raison. Jamais vous n'avez vu de zèle si frénétique. Pour comble d'infortune, l'instrument s'obstine à jouer toujours parfaitement faux. Il ne module pas, il piaille; il ne résonne pas, il grince.

Heureux qui n'a point de jolie voisine! Plus heureux celui qui n'a point de jolie voisine touchant du piano!

Ajoutez à cela que le piano de la jolie voisine paraît

prendre un malin plaisir à faire de vos gestes, de vos actions, de vos mouvements une parodie moqueuse. Cela devient une satire continuelle.

Voici, par exemple, qu'au moment où vous sautez à bas du lit, vous entendez l'air si connu :

>   Chasseur diligent,
>   Quelle ardeur te dévore ?
>   Tu pars dès l'aurore...

— Eh bien ! non, mademoiselle, je ne partirai pas, dites-vous.

Elle paraît s'exaspérer, elle tourmente l'instrument, elle exécute — pour vous pousser hors des gonds, — la *Valse des Adieux*.

VI

Elle recommence.

>   Chasseur diligent,
>   Quelle ardeur te dévore...

— Mais, mademoiselle, c'est bien vieux ce que vous venez de jouer là, vous dites-vous en croyant vous adresser à elle. Ça doit être tiré de *Freschütz*, un opéra de Weber, francisé, sous la Restauration, à l'époque fabuleuse où Eric Bernard dirigeait l'Odéon.

Ah ! vous trouvez cela trop vieux, puisque ça remonte à soixante-quinze ans ; eh bien, la virtuose va vous jouer une chose qui remontera à un siècle. Effectivement comme vous êtes atterré, vous vous asseyez sur un fauteuil, vieil ami toujours prêt à vous tendre les bras. Aussitôt s'élance des touches d'ivoire une autre cantilène.

> Restez, restez troupe jolie !

— Non, je ne resterai pas ! dites-vous, furieux. Non, j'aime mieux sortir !

Cela étant dit, vous vous levez de ce siège afin de mettre votre cravate.

Nouveau refrain de la jolie voisine.

> Une robe légère
> D'une entière blancheur,
> Un chapeau de bergère...

La musiquette d'Hérold, à présent !

— Eh bien, non, point de chapeau, je n'en mettrai point ; — et étourdi jusqu'à l'hébêtement, vous passez votre robe de chambre à fleurs.

Refrain nouveau, tiré, cette fois, de Béranger.

> Sois-moi fidèle, ô vieil habit que j'aime !
> . . . .
> Mon vieil ami, ne nous séparons pas !

Voyons, est-ce que ce bataclan ironique va continuer ? — Mademoiselle, en voilà assez ! — Bon ! elle ne vous entend pas ! Et, d'ailleurs, elle est chez elle comme vous vous êtes chez vous. Chacun chez soi, chacun pour soi. Ç'a été la règle de conduite du gouvernement du roi Louis-Philippe pendant dix-huit années. — Elle joue du piano, elle chante. Qui vous empêche de faire, vous, ce qu'il vous plaira ?

Au fait, comme vous croyez avoir dans un coin du

cerveau, à l'endroit des ménynges, l'embryon d'une idée, vous voilà fouillant dans un carton, prenant une, deux, trois plumes et ajustant votre papier en petits carrés, vous savez, ces petits carrés de papier du journaliste, disposés de manière à faciliter le travail du typographe. Une fois cette préparation achevée, vous vous dites : « Ainsi, c'est convenu, les cent « lignes que je vais écrire rouleront sur la question bul- « gare, succédanée de la question d'Orient. » Et vous trempez l'une des plumes dans l'encrier. Tout aussitôt l'instrument de l'adorable voisine de crier :

<blockquote>Portrait charmant, portrait de mon amie !</blockquote>

Fou de désespoir, vous vous résignez enfin à quitter a place et à sortir. — L'implacable piano reprend :

<blockquote>Bon voyage,
Cher Dumollet...</blockquote>

— Ah ! pour le coup, c'est trop fort ! vous écriez-vous en posant la main à la place où est le cœur afin d'étouffer les battements de votre indignation.

Et vous fuyez à toutes jambes.

VII

CHŒURS DE LA RUE

Une fois que vous êtes dans la rue, le piano ne peut plus vous atteindre. En revanche, le bruit s'accroît autour de vous. L'hydre de la grande ville siffle de ses deux millions têtes à la fois. Il n'est déjà plus possible de discerner parmi le tumulte que quelques robustes accentuations.

— *Cresson de fontaine, la santé du corps!*
— *Marchand de parapluies!*
— *A raccommoder la faïence!*
— *Gros cerneaux!*
— *Battez vos femmes! vos habits!*
— *A repasser les cou-teaux!*
— *Chiffons! ferraille à vendre!*
— *Ohé! Alfred, vois donc Paméla en duchesse!*
— *Cartons! cairtons! cairrrtons, à vendre!*

De temps en temps, ces terribles *andante* sont interrompus par le bruit du tambour. Un bataillon passe.

— *Plan ran plan! plan ran plan! plan ran plan!*

Aigres échos qu'une escouade de gamins parodie ensuite de son mieux avec des débris d'os et d'assiettes.

Si vous avez un fils, — *spes altera Trojæ,* — vous avez la chance de le voir, lui millième, saisir la peau d'âne que vous avez eu l'imprudence de lui acheter le jour où il a eu la croix, à sa pension, et le vacarme recommence.

Les marchandes de poisson, s'échappant des halles, envahissent l'arrondissement en poussant leur charrette. Autant de *soli* qui percent les profondeurs de l'espace. Pourquoi ces femmes ont-elles tant d'intensité dans la voix? Ce qu'il y a de certain c'est que ce qu'elles crient pénètre aisément partout.

— *Il arrive! il arrive!*
— *A la barque! à la barque!*

Chose bizarre, on ne parvient plus à entendre nos

députés ni nos sénateurs, quoi qu'on ait bien soin de fermer portes et fenêtres, quand ils parlent. D'où vient donc qu'ils n'usent pas un peu de cette puissance d'organes ? Ce serait peut-être là un argument à invoquer pour mad^e Barberousse qui veut des orateurs en jupons...

VIII

INTERMÈDES

Voilà deux heures.

A compter de ce moment, l'orchestre devient euphonique. Plus de gros bruits. Vous diriez d'une mélodie de Félicien David ou d'un air de petite flûte. — « Est ce que l'idylle grecque a passé par là ? » pourrait-on se demander. Le fait est qu'on n'entend plus que des modulations mesurées, très douces.

On est en mai.

Le marchand de coco, jadis enfant de chœur à Saint-Eustache, détache avec grâce son air si affriolant pour les pioupious, ces Napoléon à un sou par jour, et pour les bonnes d'enfants, les Ninon de ces Condé.

— *A la fraîche, qui veut boire?*

Ou bien, c'est la marchande d'oublies qui murmure ces bonnes paroles au nez des passants :

— *Voilà le plaisir, mesdames! Régalez-vous!*

Mais la bouquetière brille entre toutes par la pureté des sons. Qui a jamais rencontré une bouquetière dont la voix ne fût charmante ? Celle-ci a presque dans le gosier la poésie d'une phrase d'Auber, quand elle arrête le passant pour lui dire :

— *Œillets et roses ! jasmin et roses ! Fleurissez-vous messieurs ! Fleurissez vos dames !*

D'autres cris varient aussi, suivant la saison ou plutôt suivant les fruits.

Au printemps, à l'heure où le bois de Saint-Mandé et la forêt de Sénard sont en pleine feuillaison, rien n'est commun comme d'entendre crier à tue-tête :

— *Fraises ! des fraises !*

En été, les paroles ont changé, mais le ton est le même :

— *A la cerise ! à la douce !*

Vers l'automne, c'est bien pis :

— *Chasselas de Fontainebleau !*

Et l'hiver, bien pis encore :

— *Mon bon Portugal !*

L'industrie y a ajouté le bonbon anglais, bariolé de cinq ou six couleurs, toutes très voyantes. Ah ! le bonbon anglais, fondu à Londres à l'aide de je ne sais quelles mixtures qui ne sont que des toxiques, gens du peuple de Paris, défiez-vous-en. Défiez-vous encore plus, s'il est possible, des jouets d'enfants que nous envoie l'Allemagne. Nous autre, Français, de la fin du XIXe siècle, nous avons pour le Germain, surtout depuis Sedan, la haine que l'Athénien du temps d'Eschyle avait pour le Mède. Aussi c'est en vain que les barbares d'outre-Rhin nous tentent à force de bon marché, car ils travaillent pour rien ; nous faisons la sourde oreille.

— *Jouets de Nuremberg, à un sou pièce!*
Un sou! — Ils nous doivent neuf milliards, pour le moins!

IX

UN ENTR'ACTE

Et les mansardes?

Il serait bien temps qu'un écrivain de talent vînt faire l'histoire des mansardes. On pourrait commencer le livre par le rhythme de la *Chanson de Mignon*, ou par quelque chose d'approchant. « Le connaissez-vous, le » nid poétique et éthéré où les plus nobles esprits de ce » siècle auront caché leurs rêves, leurs pleurs, leurs » amours, leurs luttes, leurs espérances et leurs pre- » miers succès? » Béranger a fait *le Grenier*; M. Scribe a composé un charmant petit tableau, *la Mansarde des Artistes*; Achille Devéria a laissé d'adorables dessins sur la vie du sixième étage; Redouté peignait ses premières fleurs sous les tuiles, à « l'entre-ciel; » Carl-Maria de Weber tourmentait un pauvre clavecin à cent marches au-dessus du niveau de la foule; H. de Balzac a écrit : « Les mansardes sont le cerveau de Paris. » J'ai vu, un jour, au Pays-Latin, la cellule où M. Thiers a commencé si péniblement son métier de publiciste. Que de choses à dire qu'on ne dira sans doute pas?

Mais tandis que l'Opéra de la rue se déroule, scène par scène, croyez qu'il existe, dans mille cénobies aériennes, mille drames touchants et terribles; c'est là qu'on étudie, c'est là qu'on aime; c'est de ces quarante mille maisons de Paris que descend sans cesse le meilleur de cette admirable bourgeoisie française, toujours féconde en orateurs, en artistes, en ingénieurs, en médecins, en soldats de fortune, en poètes, en agronomes et en philosophes.

J'ai vu tomber d'une mansarde de la vieille rue des Maçons-Sorbonne, maintenant démolie, un collier de beaux vers, qui, par bonheur, n'ont pas été perdus. La Renommée, arrivant sur les pas de la Mort, les a ramassés pour les rendre impérissables. Quant au pauvre homme qui les a soupirés, ç'a été, vous ne l'ignorez pas, un des plus grands poètes de ce siècle, où il y en a de si grands. Comme tant d'autres existences valeureuses de Paris, il n'aura connu que trois résidences : la mansarde, l'atelier et l'hôpital, où il a rendu le dernier souffle.

Ces beaux vers, j'ai pu les vanter devant lui, en lui serrant la main. — « J'en ai bien d'autres à faire, » — murmura-t-il d'une voix déjà éteinte, et, quatre mois après cette rencontre, il avait cessé d'être, — et l'on disait tout le long des cafés littéraires : — « N'y a-t-il pas des trésors cachés dans sa mansarde? »

> ... De la chambre où j'écris,
> Le Tasse, un jour, fut l'hôte, et ma table de hêtre
> Boiteuse, sous son coude, a chancelé peut-être.
> Assis sur l'escabeau, peut être, où je m'assieds,
> Il écoutait Paris bourdonner à ses pieds.

— Assez d'alexandrins, tirés de *Myosotis*; — voilà un léger coup de clairon. — Qu'est-ce que c'est que ça?

— Cinquante enfants de dix à douze ans, ayant au bras chacun un petit fusil, le fragment d'un bataillon scolaire. — Ils ont bonne mine, ils marchent d'un bon pas, ils savent que notre France, mutilée par l'Allemand, aura, dans l'avenir, besoin de soldats, et ils se préparent à être, s'il le faut, de dignes élèves de Marceau et de Kléber. — Et le clairon sonne joyeusement.

— *Tara tantara tara!*

A vingt-cinq pas, nous retombons tout-à-coup dans l'idylle urbaine, si chère à Henri Heine. Écoutez la prière d'une jeune fille du peuple qui porte des oiseaux dans une cage :

— *Rendez la liberté aux hirondelles pour deux sous!*

X

NOCTURNES

Cependant la Nuit a étendu sa mantille noire sur Paris. On n'entend plus que de loin en loin quelques fils de famille qui s'étudient à se crever la poitrine en soufflant dans les cors, jadis prohibés par le paternel M. Delessert, préfet de police.

Paris dîne.
Paris va au théâtre.
Paris danse.
Paris joue.
Paris veille, la plume à la main.
Paris rit.

Paris espère, sous les toits, un meilleur lendemain, le lendemain de Martial, qui ne vient jamais.

Paris...

Je m'arrête; je n'ai à parler que de la rue.

Où va donc la foule? — Autour d'une cantatrice en plein vent, Malibran de carrefour, qui, entre quatre bouts de chandelle, module la jolie ballade allemande que Gœthe a si heureusement placée dans *Faust* et que Gérard de Nerval a si naïvement traduite en vers français.

> Il était un roi de Thulé
> A qui son amante fidèle
> Légua, comme un souvenir d'elle,
> Une coupe d'or ciselé.
>
> C'était un trésor plein de charmes
> Où son amour se conservait;
> A chaque fois qu'il y buvait
> Ses yeux se remplissaient de larmes.
>
> Voyant son dernier jour venir,
> Il divisa son héritage;
> Mais il excepta du partage
> Sa coupe, son cher souvenir.
>
> Il fit, à la table royale,
> Asseoir les barons dans sa tour;
> Debout et rangée à l'entour,
> Brillait sa noblesse loyale.
>
> Sous le balcon grondait la mer,
> Le vieux roi se lève en silence;
> Il boit et soudain sa main lance
> La coupe d'or au flot amer.
>
> Il la vit tourner dans l'eau noire,
> La vague en s'ouvrant fit un pli;
> Le roi pencha son front pâli.
> Jamais on ne le vit plus boire.

Tout en exécutant les dernières strophes, notre harpiste fait *la manche*, une sébile à la main. — Jetez un peu d'airain à cette autre Esméralda : les beaux vers valent bien quelques sous. A la cour de Weymar on les payait au prix de dix florins.

XI

CEUX QUI SONT DANS LES VIGNES DU SEIGNEUR

Hélas ! vu le progrès, on ne se sert plus de ce mot charmant de nos pères pour désigner l'homme qui a bu un coup de trop. Le nouveau jeu ne veut plus même qu'on dise :

— « *Voilà un pochard !* » Pochard serait trop euphonique, trop maniéré. La grammaire de MM. les naturalistes a jeté dans la circulation cet autre vocable : *poivrot*, mot hideux, à la vérité aussi laid que la chose qu'il représente.

Deux ivrognes noctambulent en zigzaguant sur le boulevard. Il fait clair de lune.

— Aussi vrai que le soleil nous éclaire, dit l'un, je suis ton ami.

— C'est pas le soleil, interrompit l'autre, c'est la lune.

— Tu ne sais pas ce que tu dis.

— Si !

— Non.

Lors, avisant un passant attardé :

— N'est-ce pas, monsieur, que mon copin n'y voit goutte et que c'est le soleil qui nous tape sur la tête ?

Le passant, avec un ton de compassion difficile à rendre :

— Je ne sais pas, mon ami, je ne puis pas du quartier.

XII

LE SABAT MODERNE

Minuit.

Ces douze coups sonores sont comme le prélude de la dernière partie du programme. Au moyen âge, romantique et catholique, les goules, les vampires et mesdames les sorcières montées sur leurs balais, choisissaient cette heure pour inaugurer leurs mystérieuses farandoles ; au temps où nous vivons, il n'y a plus dehors que les poëtes élégiaques, les *pochards*, les joueurs attardés et les patrouilles, — phalanges qui n'ont rien de bien sorcier, comme chacun sait.

Minuit et demi.

Les bougies s'éteignent, mais pour faire place à la romanesque veilleuse.

Il en est qui reviennent de l'Opéra réel et qui disent, en se fourrant sous les draps :

— Quelle charmante fauvette que madame*** ! Elle a ce soir chanté comme un ange de l'Albane !

Une heure du matin.

Les amants attardés rentrent en toussant, les déités théâtrales en déclamant, les journalistes en se jetant à la face les fariboles qu'ils ont recueillies en ne corrigeant pas leurs épreuves.

Voilà enfin le silence.

Pas tout à fait cependant, car j'aperçois là-bas, dans l'ombre, le chiffonnier de mon ami J.-J. Traviès, qui chante son refrain favori en manière de couplet final.

>   Petit ou grand,
> Un homme est toujours franc
> Loyal et bon vivant
> S'il boit sec et souvent.

Tout est fini.

A peu d'exceptions près, il y a dans Paris deux millions et demi de nez qui ronflent; vous voyez que c'est dans les règles. Les derniers soupirs de la basse ferment le concert.

— Parisiens, dormez !

II

ALEXANDRE BOUCHER

VIOLON DU ROI D'ESPAGNE

Un jour, en 1837, très peu de temps avant de partir pour Naples, d'où il ne devait pas revenir, Adolphe Nourrit, le grand chanteur, était tout en larmes.

— « Pourquoi pleurez-vous ? lui dit le docteur Ben-
« nati, le médecin des artistes.

— « Parce que Paris oublie en un jour ceux qu'il a le
« plus aimés pendant vingt ans. »

Ces mêmes paroles, un musicien des mêmes temps les prononçait aussi devant moi, un jour, dans un bureau de journal, mais sans pleurer et en n'y mettant aucun sentiment d'amertume. Cet Orphée des anciens jours n'était autre que le vieil Alexandre Boucher, violon célèbre, qui a charmé les oreilles les plus délicates de l'Europe, avant et après Paganini.

Seulement, à sa mort, Paganini a laissé à son fils trois millions et un titre de baron ; l'autre n'a légué au sien que son archet. Cherchez aujourd'hui le nom d'Alexandre Boucher. On le trouvera, à coup sûr, dans les journaux d'il y a cinquante ans. On le lira encore au frontispice des vieilles affiches de concert. Ce nom, il a été porté par la Renommé de Paris à Madrid, de Milan à Saint-Pétersbourg. Aucun n'a été plus applaudi.

Il a été le signal des fêtes pour les plus grandes cours, celles des Napoléons, celles des Bourbons, celles des Tzars. L'homme a donné des leçons de musique aux rois et aux impératrices ; il était surtout le maître de la reine Hortense. On le payait en diamants, quand il consentait à recevoir le prix de ses cachets. Cherchez son nom. Peut-être le verrez-vous dans quelques agendas du passé, mais vous ne le trouverez pas dans la mémoire des contemporains.

Trois ou quatre années avant la révolution de 1848, Fiorentino, ayant rencontré ce vieil artiste sur son chemin, avait mis sur lui un bout d'article dans le *Corsaire*. Cet hommage rendu à un talent sur son déclin nous avait valu la visite d'abord, et bientôt la familiarité du rapsode. On vit donc entrer un jour, passage Jouffroy, dans les bureaux du petit journal, un vieillard de taille moyenne, barbe grise, figure frappée de rides, mais chez lequel tout annonçait une nature d'élite.

Septuagénaire ou à peu près, il se tenait droit sur les jambes, souriant, gesticulant, fredonnant avec l'entrain d'un homme du Midi et répétant par moment, sans tristesse : « Vous ne voyez en moi qu'une ruine ! » C'était presque le cri de Néron près de se faire tuer : « Quel grand artiste meurt en moi ! » *Qualis artifex pereo!* Mais Alexandre Boucher ne savait pas un mot de latin ;

il se contentait de savoir la musique, et il la savait comme personne.

Dès ses premières visites, il se montrait à nous comme un excentrique dont les bizarreries prêtent toujours à rire aux jeunes gens. Une fois ou deux, il avait apporté un violon, sous son habit, et quoique ses mains fussent glacées par l'âge, les belles élégies qu'il avait tirées de l'instrument ne nous avaient plus portés à nous moquer. De ce jour-là, on comprenait que notre virtuose avait été quelqu'un dans l'histoire du passé, et toute notre turbulente bohème, la plus bruyante et la plus irrévérencieuse qui fut jamais, s'était mise à le traiter avec un peu plus d'égards. Une autre fois, au commencement de l'hiver, il s'était présenté couvert d'une magnifique pelisse de pelleterie, ce qui ne laissait pas que de nous étonner chez un homme qui n'était pas riche, tant s'en fallait.

— Savez-vous ce que c'est que cette houppelande? nous disait-il en souriant. Tenez, soulevez-moi ça. C'est léger comme une plume et ça garantit mieux du froid qu'une peau d'ours. J'en ai refusé 20,000 francs. J'en aurais refusé un million. Cette pelisse, il faut que je vous l'apprenne, m'a été donnée de sa main par le tzar Alexandre 1er, qui l'avait portée un jour. Ah! s'il n'avait pas été empoisonné pendant son voyage de Tangarog!

A quelques instants de là, il passait à d'autres impressions, un peu moins mélancoliques. Très grand mime de sa nature, il parvenait, à force de grimaces, à imiter presque tous les hommes historiques qu'il avait connus, et il les imitait de manière à frapper d'étonnement tous ceux qui le suivaient des yeux. Je l'ai vu reproduire ainsi, presque coup sur coup, Napoléon, le prince Rostopchine et le prince de Talleyrand.

— Allons, il a encore du chien dans le ventre, disait Henry Murger.

Le vieux musicien avait eu, dans sa jeunesse, une ressemblance frappante avec Napoléon, et la chose a même été inquiétante pour lui en deux ou trois circonstances. Ce fait est indiqué, du reste, dans les *Mémoires de Bourrienne* et dans ceux de madame la duchesse d'Abrantès. Une fois surtout, l'Empereur rencontra le professeur de musique aux Tuileries mêmes, dans un cabinet d'étude de Joséphine, et il entra, paraît-il, dans une colère terrible.

— Je n'entends pas, s'écriait-il en faisant sonner son pas sur le parquet, que ce musicien mette désormais les pieds ici. Il me ressemble trop.

En nous racontant cette scène, Alexandre Boucher imitait l'homme d'Austerlitz, marchant, gesticulant et parlant comme lui; et, comme il finissait en se montrant lui même, blotti dans une encoignure du palais, tremblant comme la feuille que le vent d'automne agite, cet ensemble nous amusait tous au delà de toute expression.

— Ce grand homme, ajoutait-il, avait la petitesse d'être jaloux de moi.

Celui des princes que l'artiste parvenait le mieux à figurer, c'était son ancien élève, le roi d'Espagne, Ferdinand VII, le mari de la reine Christine, le père d'Isabelle II. Ancien serviteur de Charles IV, maintenu à la cour d'Aranjuez par don Manoël Godoï, prince de la Paix, le Marfori d'alors, il avait vu de près tout ce qui s'était passé au delà des Pyrénées avant la grande guerre de l'indépendance, et, sous ce rapport, sa mémoire débordait en fait d'anecdotes et de traits curieux.

Il avait donc vécu avec Ferdinand, lorsqu'il n'était encore qu'un infant, c'est-à-dire le prince des Asturies, comme on l'appelait; il l'avait suivi dans son exil à Bayonne, à Fontainebleau, à Vendôme et au château de Valençay; il l'avait vu conspirer la chute de son père; il l'avait retrouvé plus tard à Madrid, sur le trône, se mariant en secondes noces avec une princesse de Naples, et faisant étrangler les patriotes de la trempe du général Rafaël Riego.

> Voilà ce roi chrétien que sa mère appelait
> Ferdinand, cœur de tigre et tête de mulet,

disaient Barthélemy et Méry dans la *Némésis*. — Alexandre Boucher le copiait à l'époque où le nez et le menton du Bourbon se touchaient presque, et, dans un mouvement de verve endiablée, il accompagnait ce jeu de physionomie de paroles qui sont devenues historiques.

— *Carajo!* s'écriait Ferdinand, rois et peuples, écoutez! Savez-vous ce que deviendra l'Espagne quand je serai mort? Je compare l'Espagne à une bouteille de bière qui fermente. Quant à moi, je suis le bouchon, *el tapon*. Ce bouchon parti, toute la bière s'échappera en écume, et ce sera bien fait. *Carajo!*

Il serait impossible d'exprimer combien ce coup de théâtre était bizarre. Dans la rédaction, alors si mêlée, du *Corsaire*, il y avait des écrivains de toutes les origines. On y voyait des Russes comme M. Yvan Golovine, des Italiens comme Fiorentino, des Alsaciens, longtemps Allemands, comme Alexandre Weill, des Polonais comme le général Bem, l'illustre lieutenant de Kossuth. Il s'y trouvait aussi des Espagnols et particulièrement deux ou trois jeunes officiers carlistes qui avaient fait la guerre de partisan sous les ordres de Zumala-Carréguy et de Cabrera.

Dans le nombre, on remarquait un homme du monde, bien connu des faubourgs aristocratiques, don Carlos d'Algarra, qui venait de composer un drame pour l'Odéon. Quand il était soldat, il avait été aide-de-camp de Charles V. A Vergara, invité par Maroto à passer avec son régiment sous les ordres des christinos et à remettre à un général de la reine ses armes et ses munitions, il avait répondu en faisant sauter la poudrière d'Urdax et n'avait voulu remettre son épée que sur la frontière, aux autorités françaises. On en voyait un autre, Basque d'origine, qui, à la vue de ces scènes où Alexandre Boucher se changeait si bien en Ferdinand VII, ne pouvait retenir un violent accès d'hilarité.

— Ah! oui, disait-il en sautillant, voilà bien le vieux roi dont le testament nous a mis les armes à la main; voilà bien le père d'Isabelle!

Il s'écoula deux ou trois ans ; la révolution du 24 février éclata, et le vieux musicien continua à venir nous voir. Très loquace lorsqu'on savait le faire parler, il nous racontait alors quelques épisodes de sa jeunesse, qui a été des plus brillantes. Beau jeune homme, déjà grand artiste, sous le Directoire, il avait eu un très grand succès chez madame Tallien, chez madame Sophie Gey, chez Barras, même à côté de l'illustre Garat.

L'envie de voir du pays l'avait pris et il était parti pour l'Espagne.

En ce temps-là, grâce à don Manoël Godoï, la cour de Madrid était comme un séminaire d'artistes et de poètes. D'un côté, la reine et le favori aimaient les fêtes et les lettres. On faisait donc bon accueil à des hommes d'élite tels que Moratin et Yriarte ; Goya aussi était admis et vingt autres. D'autre part, le vieux roi, fou de musique, attirait à lui le plus de symphonistes qu'il pouvait. On menait au palais une vie asiatique, un peu comparable à celle qu'Anacréon voyait se produire chez le sage et voluptueux Polycrate, tyran de Samos.

Il était très plaisant d'entendre Alexandre Boucher raconter à quel moyen original il avait eu recours pour se faire entendre du roi d'Espagne. Cette particularité mérite assurément d'être notée.

Très jeune encore encore, très pauvre, sans protection, sans appui, mais fort de son archet et de ses quatre cordes, le violon fugitif errait dans Madrid en se demandant, comme Gil Blas, s'il dînerait, le lendemain. Un marchand d'orangeade lui apprit alors que le roi aimait passionnément la musique et jouait lui-même du violon.

— C'est bon ! me voilà sauvé ! se dit alors l'artiste.

Dès le lendemain, Alexandre Boucher alla s'installer à poste fixe, avec son instrument, chez le concierge du château.

— Que voulez-vous ? demande ce dernier.

— Jouer de mon instrument.

— Allez-vous en. La consigne est d'écarter les mendiants.

— Je ne suis pas un mendiant, seigneur portier.

— Qu'êtes-vous donc ?

— Un grand artiste qui vient ici, en secret, de la part de la reine, pour faire plaisir au roi.

Bonhomme au fond, le concierge se laissa convaincre par le conte, et le violon resta. — Au bout de cinq minutes, il se mit à jouer avec toute l'énergie que nous lui avons connue.

La séance durait depuis longtemps lorsque enfin Charles IV sortit en carrosse pour aller à la promenade. Au bruit des chevaux, Alexandre Boucher redoubla de vigueur et d'application; si bien que le roi, qui, comme on se le rappelle, était un grand amateur, entendant cette harmonie, mit la tête à la portière pour savoir d'où ce beau bruit provenait.

— Majesté, c'est un musicien français qui ne veut pas s'en aller, dit la concierge.

Un chambellan mit pied à terre, vint s'informer, et, toutes perquisitions faites, trouva Alexandre Boucher dans la loge du concierge, où il se démenait, son archet à la main, comme un diable dans un bénitier.

— Amenez-le-moi, dit le roi, que ce jeu intéressait déjà au plus haut point.

Alexandre Boucher s'approcha, le violon et le chapeau à la main.

— Sire, dit-il en mauvais espagnol, Votre Majesté voit en moi le premier violon du monde. Si j'eusse écrit le fait, on ne m'aurait pas cru. Il n'y avait qu'un moyen : frapper les oreilles du roi au moment de la promenade; c'est ce que j'ai fait. Y a-t-il un crime là-dedans? Dans ce cas-là, qu'on me pende. Ça vaudra mieux que de mourir de faim.

Charles IV se mit à rire.

— En effet, dit-il à l'artiste, tu es un exécutant de premier ordre. Je me connais en musique mieux qu'en politique. Je te nomme maître de chapelle.

Dès le soir même, le Français était installé au palais, avec une situation. Charles IV ne pouvait plus se passer de cette recrue faite d'une manière si comique. Pour bien faire voir à tout Madrid quel cas il faisait du jeune artiste, il lui avait fait cadeau d'un uniforme d'un style qui dépassait toute fantaisie.

— Figurez-vous, me disait le vieux musicien, que, les jours de service, je me montrais à la cour avec un habit d'officier fond vert, sur lequel se trouvaient brodées en or les sept notes de la gamme.

L'empire arriva; Napoléon, rejetant tout à coup la peau du lion pour prendre la peau du renard, eut envie de s'emparer de l'Espagne pour la donner à l'un de ses frères. Ç'a été une grande faute, dit l'histoire. Ç'a été l'origine de toutes sortes d'aventures. Ce fut à cette occasion que notre musicien très fidèle revint en France avec la petite cour dépouillée.

On alla d'abord à Bayonne, où eut lieu ce grand tour de passe-passe dans lequel Napoléon, suivant un contemporain, prit envers les Bourbons d'Espagne des airs de Jupiter-Scapin. Les *Mémoires du prince de la Paix* donnent là-dessus des détails que nous ne reproduirons pas ici. Il nous suffira de dire que, dès ce moment-là, le royaume de Charles-Quint était confisqué, mais ce rapt ne pouvait être mis en vigueur qu'à la suite de certaines mesures machiavéliques, familières à celui qui avait déjà si bien permis l'exécution du duc d'Enghien dans les fossés de Vincennes. Joseph, intronisé à Madrid, cela n'allait pas tout seul. Déjà l'Espagne, si chatouilleuse sur le point d'honneur, murmurait en se voyant menée par un étranger. « Encore si le Corse était celui qui a gagné vingt batailles, disaient les rejetons du *Cid*, on pourrait peut-être s'entendre, mais Pepe, un grand flandrin, un libertin vulgaire et le plus nul des hommes! » Déjà, dans les provinces du Nord, zone où la race des montagnards est plus portée à l'indiscipline, les moines parcouraient les bourgades en prêchant l'insurrection. Encore quelques mois et des gens du peuple tels que les deux Mina allaient sortir de dessous terre pour former ces premières guérillas qui ont fait couler tant de sang français. En projetant son regard d'aigle sur ce qui se passait ainsi au delà des Pyrénées, Napoléon avait bien deviné qu'il y avait par là un danger nouveau et difficile à supprimer. Ce qu'il fallait faire avant tout, c'était empêcher que la famille royale d'Espagne demeurât plus longtemps sur la frontière. Il donna donc ordre de la transporter à Fontainebleau, c'est-à-dire au cœur de la France.

Comme Alexandre Boucher faisait partie de la maison de LL. MM., il fut du voyage et arriva avec les princes et les infants au palais de François Ier, mais, dès le jour même de l'installation, suspectant très fort l'empereur, il voulut montrer tout son zèle aux augustes réfugiés. A ce qu'il nous racontait très simplement, sans emphase, il demandait à ce qu'on plaçât tous les jours son lit en travers de l'appartement dans lequel couchaient don Fernando, le prince des Asturies, et don Carlos, son frère ; c'était donner clairement à entendre que le conquérant qui venait de voler une couronne était homme à jouer, la nuit, le rôle de Richard III, en faisant attenter à la vie de ses prisonniers. « — On n'arrivera à vous qu'après m'avoir passé sur le corps », disait-il. — Charles IV, la reine et don Manoël Godoï repoussaient, bien entendu, jusqu'à la supposition d'un drame si odieux, mais les infants laissèrent faire le zélé serviteur. A la vérité, ça ne fut que pour peu de temps. On sait, en effet, que le séjour de Fontainebleau ne devait durer que quelques mois. Au gré de Napoléon, ce canton était encore trop rapproché des Pyrénées. Les princes furent envoyés tour à tour à Vendôme et enfin à Valençay, dans le Berry, au château de Talleyrand.

Quand ils furent relégués dans cette dernière résidence, on pourrait dire dans cette prison, l'Espagne étant en feu, on avait supprimé les trois quarts des subsides stipulés dans la convention de Bayonne. Il en résultait qu'ils ne pouvaient plus avoir le moyen de payer une cour. Le premier violon fut donc congédié. Mais qu'importait à un artiste tel qu'Alexandre Boucher? En ce temps-là, sa réputation d'instrumentiste était européenne. Il était sans contredit le musicien le plus recherché de cette époque où Paris était, tous les jours, en fête. Il reparut donc dans la capitale et il y fit *florès*. Ce fut alors qu'il donnait des leçons à Joséphine et à la reine Hortense, sa fille. Ce fut alors aussi qu'il alluma les soupçons du despote auquel rien ne résistait sur le continent. Conséquence forcée, il dut s'en aller, son archet à la main, faire son tour d'Europe.

Tous ces voyages étaient des triomphes, ainsi que le disent les journaux d'alors. On le couvrait de fleurs, de bravos et d'or. « J'ai reçu dix-sept tabatières enrichies de diamants » disait-il quand il racontait sa prestigieuse existence d'artiste. S'il l'eût voulu, s'il eût consenti seulement à ne pas vivre en prodigue, Alexandre Boucher se serait fait une très belle fortune, mais la prévoyance est la vertu des fourmis et non celle des cigales.

» — Eh! dame, je vivais en roi du violon, moi qui avais été le violon d'un roi », disait-il en jouant sur les mots. Cela signifie qu'il ne supposait pas que la vogue cesserait jamais de lui sourire. Quinze années s'écoulèrent; l'axe du pouvoir changea tout à coup en Europe; Moscou et Waterloo furent comme deux coups de tonnerre. Un matin, en se réveillant, le musicien s'écria :

— Tiens, le beau rêve du Corse s'est évanoui comme un nuage qui passe!

Que de révolutions s'étaient accomplies!

On était en 1816.

Ferdinand VII restauré, Napoléon deux fois tombé, les Bourbons replacés sur leurs trônes, à Paris, à Madrid et à Naples, le violon reprit sa vie d'artiste errant. Imprévoyant comme le sont presque toujours ceux qui réussissent vite, il comptait ses fêtes par ses jours. Partout où il allait en Europe, au midi ou au nord, on le couvrait toujours d'or et de fleurs. Une des causes de sa vogue était sa ressemblance prodigieuse avec celui que Chateaubriand avait déjà surnommé « le géant de batailles. »

Détesté en Allemagne tant qu'il avait été debout, Napoléon y passait à l'état de demi-dieu depuis qu'il avait été jeté sur un roc de l'Atlantique par l'Angleterre. Aussi l'homme qui portait son visage et qui simulait si bien ses gestes, était-il doux fois applaudi dans toutes les petites principautés d'outre-Rhin. Une fois, à Stuttgard, il donnait un concert. Tout à coup, au moment où il accordait son violon, une voix de femme, la parole argentine d'une princesse, se fit entendre :

— Voyez donc comme il ressemble à l'*Ogre de Corse!* disait-elle.

Alexandre Boucher ne fut jamais tant fêté que ce soir-là. Dès ce moment, sa haine pour Bonaparte tomba d'un bon tiers. Un autre fait, bien plus théâtral encore, acheva d'éteindre en lui l'étincelle du vieux ressentiment que nourrissait l'ancien maître de chapelle de Charles IV.

En 1817, le musicien, acompagné de sa famille, fit un voyage à Saint-Pétersbourg pour y donner des concerts. Un jour qu'il était à faire de la musique chez le prince Narishkine, grand chambellan, l'empereur Alexandre y avait passé la soirée, ainsi qu'il avait l'habitude de le faire dans les maisons où personne n'avait le mauvais goût de trahir l'incognito dont il s'entourait. Dans ses *Mémoires*, le duc de Vicence, à la vérité, assigne une autre cause à l'assiduité de ses visites. Les deux grands yeux bleus d'une belle blonde attiraient le tzar. Mais, au fond, qu'importe?

Pendant la soirée, le prince s'approcha du violon.

— Monsieur Boucher, j'ai quelque chose à vous demander.

— Sire?

— Une complaisance que je sollicite de vous, une chose tout à fait en dehors de votre art.

— Je suis entièrement aux ordres de Votre Majesté.

— Eh bien! venez donc me voir demain au palais, à midi précis; vous serez immédiatement introduit dans mon cabinet, et je vous dirai ce dont il s'agit.

La tête de l'artiste travailla toute la nuit. Il ne pouvait se douter de ce que le tzar avait à lui demander.

Le lendemain, il se rend au palais à l'heure indiquée. Dès qu'il est introduit dans le cabinet de l'Empereur, les personnes qui s'y trouvaient, au nombre desquelles était le grand-duc Constantin, se retirent.

— Venez dans la pièce voisine, dit l'autocrate.

Là, le musicien vit étalés sur un canapé un petit chapeau sans galons, une épée, un uniforme de colonel des chasseurs de la garde impériale française et une croix d'officier de la Légion d'honneur.

— Maintenant, lui dit l'Empereur, je vais vous dire ce que je souhaite de vous. Tous ces objets ont appartenu à Napoléon; ils ont été pris pendant la campagne de Moscou. On m'avait parlé de votre ressemblance avec lui. Elle est plus frappante encore que je ne le croyais. La tzarine regrette beaucoup de ne l'avoir jamais vu. Si vous voulez bien revêtir son costume, je vous présenterai de la sorte ma femme, qui, ainsi que moi, vous en saura beaucoup de gré.

Boucher consentit à ce que lui demandait le tzar. Tout en riant, il fit sa toilette impériale devant le puissant autocrate. Au bout de dix minutes, ils se présentaient l'un l'autre devant l'impératrice, à l'entresol du palais.

— Majesté, dit Alexandre Ier, l'illusion est complète; vous pouvez dire maintenant que vous avez vu Bonaparte.

Ce furent les expressions de l'Empereur. En réalité, cette scène était une mascarade qui ne pouvait faire rire des acteurs tels que ces Russes qui avaient joué un rôle si actif dans une grande tragédie historique, celle de la mort du dernier tzar. Au bout d'une demi-heure, on congédia le musicien.

— Il me tarde de me déshabiller, disait le pauvre violon. Ces habits me pèsent!

— Qu'est-ce que vous dites de ce trait? Est-ce que toute la civilisation moscovite n'est pas là-dedans?

Quelques années s'écoulèrent. Alexandre Boucher revint à Paris.

Ferdinand VII, qui était une sorte de Barbe-Bleue, avait vu mourir plusieurs femmes, non de mort violente, mais au sortir de son lit. Il venait de se remarier et avait épousé une jeune princesse de Naples, dona Christina, fort belle et très bien portante, la même qui a porté depuis le titre de Régente.

A la suite des noces, on voulut avoir une belle musique au palais. On appela donc l'ex-premier violon.

— Pas de plaisanterie, lui dit *el rey netto*, en revoyant son ancien ami de Fontainebleau et de Valençay. J'ai pour premier ministre Calomarde qui n'entend pas qu'on vive ici à la française. Ainsi, ne te montre pas trop familier avec moi, ou la chose pourrait tourner mal.

Alexandre Boucher promit qu'il serait musicien du roi, et rien de plus.

Mais, grâce à Calomarde, l'étiquette du palais était d'une sévérité toute castillane. Rappelez-vous le second acte de *Ruy Blas* et la grande maîtresse du palais. A tout moment, notre symphoniste oubliait ces prescriptions rigoureuses. Des rois ! des princesses ! il en avait tant vu et tant fréquenté dans ses voyages qu'il ne se croyait pas trop obligé à tant de réserve envers ceux qu'il avait connus jadis dans l'exil.

Un jour que le roi et la reine se promenaient ensemble à Aranjuez, dans le jardin, on fit signe au maître de musique d'approcher. Il s'agissait de régler le programme d'une fête. Alexandre Boucher vint donc, tête nue, en s'inclinant; mais, en ce moment, comme la robe de la jeune reine s'embarrassait par hasard dans un buisson de roses moussues, il crut qu'il était de son devoir de se baisser pour la dégager.

— Malheureux ! s'écria Ferdinand en affectant une grande colère; que fais-tu là ? Est-ce que tu ne connais pas la loi ? Est-ce que tu ne sais pas le proverbe : *Ne touchez pas à la reine ?* Si Calomarde te voyait, tu serais pendu !

En parlant ainsi, le roi avait, par mégarde, touché le musicien à l'épaule.

— Si, par Dieu, sire, je connais la loi, riposta le violon; mais d'abord, comme le roi vient de me toucher à l'épaule, le premier ministre n'y pourrait rien : je suis absous. De plus, à cause de ce seul fait, je suis créé grand d'Espagne, ce qui me donne le droit de me couvrir désormais devant Votre Majesté, et je me couvre.

En effet, il mit son chapeau sur sa tête, et Ferdinand VII, se déridant tout à coup, se mit à rire aux éclats.

— Allons, reprit-il, je n'ai pas pu réussir à te faire peur.

En nous racontant ces diverses anecdotes, Alexandre Boucher ajoutait avec beaucoup de bon sens :

— Je me suis convaincu que les princes peuvent aimer en même temps la tragédie et la grosse farce. Vous avez vu Charles IV me faire faire un uniforme sur lequel on avait brodé en or les sept notes de la gamme, et en même temps forcer l'Espagne à répandre des flots de sang. Alexandre 1er avait vu étrangler son père avec une écharpe fournie, dit-on, par lui-même, et il se plaisait à me faire endosser la défroque de Napoléon pour faire une parade. Ferdinand VII faisait étrangler Riego, et il jouait la scène que je viens de vous dire. Je crois que les porte-couronne sont tous de même.

Alfred de Vigny a écrit sur ce même thème de belles pages, dont tout le monde connaît deux mots : *Comediante ! Tragediante !*

En 1832, Ferdinand VII mourut. Il mourut même deux fois, tué d'abord par le *Moniteur universel*, et le comte de Montalivet le fit ressusciter au bout de trois jours. Il mourut pour tout de bon, six mois après, à la suite d'une longue maladie qui avait peut-être bien quelque chose de celle à laquelle François 1er succomba dans le donjon de Rambouillet. On sait que, avant le décès du roi, la princesse Carlotta aidant, la loi salique fut rompue par son testament. On sait que la fille mineure du vieux prince, l'*innocente Isabelle*, comme on l'appelait alors, fut appelée à succéder à son père. On se rappelle aussi que don Carlos protesta et souleva les provinces basques et d'Aragon, en prenant la Sainte Vierge pour général en chef.

Pendant toute cette longue querelle, l'artiste était revenu en France. Par malheur, ce n'était plus le brillant jeune homme des grands jours. Tout passe vite. L'âge était venu. Le temps avait neigé sur sa tête. Il était encore un très savant instrumentiste, mais d'autres s'étaient emparés de l'admiration de l'Europe : Paganini, Liszt, Thalberg et d'autres encore. Ayant été à même cent fois de devenir riche, il n'avait eu aucune prévoyance. L'occasion est chauve, à ce que disaient les anciens.

Il avait laissé passer la fortune, et pour le moment, il en était réduit pour vivre à se promener à travers les villes et les bourgades de la province, avec son nom oublié et son archet qui n'avait plus qu'un prestige ébréché.

En voyageant ainsi, à la façon des trouvères, il arriva très modestement à Bourges, dans les Gaules de Jules César. Cette vieille capitale du Berri, qui renferme tant d'histoires dans son enceinte, a l'aspect triste d'un couvent et d'une prison. Et justement, à cette heure même la politique cauteleuse de Louis-Philippe avait remisé dans cette cité sévère un roi vaincu, son cousin don Carlos de Bourbon, fugitif depuis la journée de Vergara.

Il était venu découronné, pauvre, avec toute sa famille et une poignée de serviteurs dans cette province où il avait déjà été prisonnier autrefois, mais pour le moment, la cage était moins belle et moins dorée. On l'avait remisé dans une maison particulière, appelée l'hôtel de Panette, que les partisans du prince auraient bien voulu traiter de palais, mais qui n'était, au fond, qu'une habitation bourgeoise, sans tourelles et sans armoiries.

Quand le vieux musicien arriva, il vit la demeure de de l'Altesse environnée de soldats et d'espions. Il n'y avait pas moyen de passer. Chose curieuse, le hasard voulait que les deux fonctionnaires préposés à la garde du frère de Ferdinand VII fussent deux hommes décorés de noms bizarres jusqu'à en être burlesques. Le premier, le comte de l'Apparent, préfet du Cher, n'était autre que le fils du citoyen Cochon, ancien conventionnel régicide, que Napoléon avait anobli après en avoir fait un fonctionaire. L'autre, commissaire de police spécial, se nommait M. Truy. Je vous laisse à penser si le *Charivari* d'alors, fort aimé des légitimistes, s'amusait à jouer avec ces deux noms-là.

— Cochon et Truy! s'écriait l'ex-violon d'Aranjuez, Cochon et Truy! ils m'empêcheront de passer. Il faut pourtant que je voie le roi.

Il disait le roi, comme le faisaient tous les amis du prince déchu, en rappelant que, pendant sept années consécutives, don Carlos avait réellement régné sur un bon tiers de l'Espagne, nommant aux emplois, levant des troupes et faisant payer des impôts.

Tous les dimanches, le prisonnier, suivi de sa famille et des gens de sa maison, se rendait à pied à la cathédrale, et, à l'entrée de la basilique, il trouvait immanquablement Monseigneur Aubin de Villèle, archevêque de Bourges, primat des Gaules, couvert de ses habits pontificaux, un encensoir à la main, l'attendant pour s'incliner devant lui et l'adorer, à la mode asiatique. Deux ou trois fois, Louis-Philippe avait voulu s'opposer à ces manifestations qui ne cadraient guère avec les mœurs voltairiennes de la révolution de juillet; mais le prince et l'archevêque n'en avaient pas moins continué leur jeu.

Quant aux gentillâtres du pays, ils jetaient feu et flamme contre le roi des barricades.

— Sait-il donc ce qu'il deviendra un jour? disaient-ils. Don Carlos est pauvre. Il rappelle un autre Charles, le septième du nom, qui s'était réfugié aussi dans cette ville et qui était misérable à ce point, qu'un cordonnier ne voulait pas lui laisser une paire de souliers à crédit. Don Carlos en est presque là! Qu'on le laisse pauvre. Qu'on le garde à vue. Qu'on lui donne pour gardien des Cochon et des Truy, mais qu'on lui laisse son titre de roi. Pour nous autres, nous le maintenons.

Alexandre Boucher se mêlait naturellement à ce concert. Les royalistes le trouvaient si fervent qu'ils parvinrent à l'introduire dans l'hôtel de Panette, où il renoua bientôt connaissance avec don Carlos, son ancien élève.

— Roi et musicien, disait-il naïvement, nous étions aussi gueux l'un que l'autre.

Un jour, le musicien se lassa de cette situation, non pour lui, mais pour les princes. Il arriva tout effaré auprès du comte de Montemolin, le fils aîné du roi, celui qu'on nommait déjà Charles VI. En même temps, il lui montrait un portrait.

— Qu'est-ce que c'est que ça ?
— Altesse, c'est votre portrait.
— Qu'en veux-tu faire ?
— Une grande chose, une révolution monarchique.
— Allons, tu veux rire.
— Du tout.
— Explique-toi donc ?
— Ah ! c'est très simple. — Tout en jouant du violon, je m'en vais en Espagne. Arrivé à Madrid, je me présente au palais. J'y suis habitué, vous savez. Je demande la reine Isabelle, votre cousine. Je tombe à ses pieds. Je lui présente votre portrait, et je lui dis :
« — Majesté, épousez l'original, et vous sauverez la
« monarchie. »

Le comte de Montemolin ne rit pas de ce trait, d'abord parce que le musicien était très sincère, ensuite parce que c'était un Espagnol grave.

— Si Narvaez te fait arrêter avec ce portrait, dit-il, ton compte est bon : tu seras fusillé.

— Eh bien, on me fusillera !

Il se mit en route, mais avant qu'il n'eût gagné les Pyrénées, il apprenait que le comte de Montemolin, aidé par des jeunes gens de Bourges, s'était évadé et échappé, en dépit des Cochon et des Truy.

— Allons, dit-il, je ne réussirai jamais à faire de politique sérieuse.

— Et il revint à son violon pour ne plus s'occuper des princes.

Il est mort en jouant un morceau de Beethoven.

III

MLLE PIERRETTE

Ce soir-là, l'Opéra était en fête. Il y avait de jolies femmes dans toutes les loges, des fleurs partout. On jouait, s'il vous plaît, la première représentation de *Giselle*, le premier ballet de Théophile Gautier. Déjà le bâton du chef d'orchestre était en l'air, tout prêt à donner le signal de l'ouverture, cette préface lyrique qui précède toujours le lever du rideau. Des loges au parterre on comprenait si bien ce qu'il y avait de solennel en ce moment que les causeries s'arrêtaient à mi-chemin d'une phrase commencée. L'ouverture d'un ballet ou d'un opéra n'a pas mal de ressemblance avec ces hors-d'œuvre d'un repas, qui, dès le premier moment, sont placés là pour mettre les convives en appétit. On murmure alors, de vingt côtés à la fois, en tendant l'oreille :

— Voyons si cette musique sera d'une bonne saveur.

Dix violons, trois altos et trois petites flûtes se disposaient à faire entendre les premiers accents de ce prélude, quand une petite tête de sexagénaire se montra sur le seuil de la porte d'entrée, à l'orchestre de gauche. A l'aspect de ce visage, l'ouvreuse accourut avec un empressement sans pareil.

— Ah! monsieur l'ambassadeur, dit-elle. Un peu plus et l'on commençait sans vous!

— Sans moi! riposta le vieillard. C'eût été la première fois qu'on aurait vu ça depuis quarante ans.

Ce disant, le retardataire s'était engagé à travers les banquettes.

— Stalle 72, ne l'oubliez pas, dit encore l'ouvreuse.

En réalité, la recommandation était bien superflue. Le comte de Boismorand ne pouvait guère oubiler une place, qui était à lui de tradition. Depuis 1820, c'est-à-dire depuis qu'à la suite d'un drame sanglant, l'Opéra avait quitté la place Louvois pour venir s'installer rue Le Peletier, il ne s'était point assis ailleurs. C'était de cette même stalle d'orchestre qu'il avait vu défiler l'un après l'autre les chefs-d'œuvre des maîtres : le *Comte Ory*, *Guillaume Tel*, la *Muette*, *Robert le Diable*, les *Huguenots*, la *Juive*, voilà pour l'opéra; la *Fille mal gardée*, la *Tentation de saint Antoine*, la *Révolte au sérail*, le *Diable boiteux*, voilà pour les ballets. — La stalle 72 lui paraissait être à lui tout autant que le petit hôtel qu'il occupait aux Champs-Elysées, dans le quartier de François 1er.

Qu'était-ce que le comte de Boismorand? L'ouvreuse venait de le dire : un ancien ambassadeur de la Restauration auquel, par habitude ou par politesse, on s'appliquait à conserver son titre. Sous Charles X, un jour, il avait été mis à la tête d'une ambassade. La mission avait réussi ou non, peu importe; elle datait dans la vie du vieillard à l'égal d'une bataille gagnée, dans les états de service d'un général.

Depuis cette époque, M. de Boismorand, très grand philosophe à sa manière, s'était retiré du monde ou à peu près, l'Opéra excepté. Sybarite de l'ancienne école, il aimait passionnément la belle musique; Rossini était son dieu. Il se flattait de n'avoir manqué aucune des cent vingt représentations de la *Sémiramide*, ce chef-d'œuvre des chefs-d'œuvre. Quant aux ballets, c'était autre chose, il ne les aimait pas, il en raffolait. C'était une passion souveraine, ses proches disaient une monomanie. On a retenu de lui un très beau mot, digne de passer aux âges futurs.

— J'aurais dû venir au monde sous Louis XIV, aurait-il dit, puisque c'est le seul temps où l'on ait su apprécier la danse à sa juste valeur.

Nous autres, fils prosaïques de la fin du XIXe siècle, nous qui traversons des âges plus sérieux ou plus moroses, nous ne pouvons plus comprendre ces prédilections des jours d'autrefois. Nous avons vu partir tour à tour les dieux, les rois et les poètes. Nous voyons s'en aller les danseuses. Nous n'avons plus d'habitué de l'orchestre. Y a-t-il encore un de ces types-là quelque part? Tout a changé depuis la chute de Louis-Philippe. Chacun de nous ne vit plus que comme l'oiseau sur la branche. La mobilité devient une règle. Qui a une demeure fixe? Qui donc concentre ses forces dans le culte d'un art? On n'aime plus que le changement. On s'étudie à s'éparpiller. On se moque de ce qui a l'air d'être une passion ou une étude. — Toujours s'asseoir sur la même stalle d'orchestre, ce serait être comme le colimaçon qui vit immuablement dans la même coquille.

Ceux qui ont bonne mémoire peuvent se rappeler le succès de *Giselle*. Jamais la poésie du Nord n'avait été ainsi exprimée par des pirouettes. Toute la salle était sous le charme. A cette époque, en fait de danse, l'Opéra donnait le ton à la mappemonde. Si Marie Taglioni s'était échappée pour aller à Saint-Pétersbourg, si Pauline Leroux était revenue à la vie privée, on avait encore Thérèse et Fanny Essler; Cérito commençait à apparaître; la Rosati n'était pas loin.

— Merveilleux bataillon que celui de nos danseuses! disait le comte de Boismorand en braquant sa lorgnette sur le théâtre.

Au milieu de cette bande il y avait une petite sauteuse dont les jetés-battus attiraient surtout l'attention du vieil amateur. Blonde, blanche, avec la taille d'une guêpe, elle figurait une elfe, c'est-à-dire une de ces Ondines qui voltigent, près des lacs, sur la pointe des iris et des glaïeuls.

— Voilà un sujet d'avenir, disait le comte.

Ce mot, croyez-le, était prononcé en tout bien, tout honneur. Quand il le disait, l'amour seul de la chorégraphie animait le gentilhomme. C'était comme si, à la vue d'un paysage de Diaz ou de Rousseau, il avait dit :

— Voilà un grand peintre!

Cette elfe, au reste, a laissé dans les traditions du corps de ballet une trace de son passage. On la nommait Pierrette tout court. Pauvre Pierrette! elle annonçait une future étoile. Mon Dieu! la cruauté du sort fit d'elle une invalide, dès la première bataille. Dans cette soirée de *Giselle*, au moment où elle se retirait avec ses camarades pour ôter ses ailes de libellule et sa couronne de nénuphar, un décor mal assuré lui tomba sur le pied et lui écrasa l'orteil! L'accident fut raconté, le lendemain, par le *Vert-Vert*, petit journal des théâtres. « Une elfe qui a eu l'orteil écrasé à la » suite d'un ballet, c'est le jeune duc de Coigny qui a » eu le bras coupé d'un coup de sabre au moment de » la victoire. »

De tous côtés, on se mit à plaindre la danseuse. Le comte de Boismorand ne fut pas le dernier à s'apitoyer sur la pauvrette.

— Que va-t-elle devenir, si elle ne peut plus danser, cette petite?

On lui répondit qu'ayant appris à jouer quelque peu du pinceau, Pierrette gagnerait sa vie à colorier des gravures de modes.

— Allons, je penserai à elle, se dit l'ancien ambassadeur.

A très peu de temps de cet épisode, il se présenta une occasion d'une tournure assez originale.

Quoiqu'il se fût résigné à vivre en ermite, le comte ne laissait pas d'aller par moments au club des Radis-Roses; c'était un cercle aristocratique fréquenté par la fleur des oisifs et par l'élite des étrangers. On jouait en cet endroit un jeu d'enfer. Une certaine nuit, M. de Boismorand s'y attarda, parce qu'il avait la chance au plus haut point. Il y gagna coup sur coup à sir Reginald O'Sullivan, riche Irlandais, une somme de

120,000 francs, que le perdant lui envoya religieusement, le lendemain, dans la journée.

L'homme de confiance qui apportait la somme ne voulut pas se retirer sans dire un mot au vieux diplomate.

— Il faut que je vous apprenne tout, monsieur le comte. Le payement que je viens de faire est un acte d'outre-tombe.

— Que voulez-vous dire, monsieur?

— Que le gentleman s'est tiré un coup de pistolet dans la tête dix minutes après avoir mis ordre à ses affaires.

— Mais pourquoi s'est-il tué? Est-ce parce qu'il avait perdu?

— C'est pour cela un peu et aussi parce que la vie l'ennuyait.

Une pensée pleine de tristesse, nuancée de quelque dégoût, s'empara alors de l'esprit de M. de Boismorand. Il lui semblait voir du sang sur l'or et sur les billets qu'on venait de lui apporter.

— Pour sûr, je ne garderai pas cette somme, dit-il.

Puis, par suite d'une coïncidence ménagée par le hasard, il vint à se rappeler la petite Pierrette de l'Opéra et son orteil écrasé.

— Pardieu, s'écria-t-il, voilà l'emploi des 120,000 francs tout trouvé.

— A trois jours de là, l'ancienne elfe travaillait dans sa chambre de la rue Taitbout, quand on lui apporta une lettre timbrée de Paris. Le message était des plus laconiques.

« Mademoiselle Pierrette, ex-artiste de l'Académie

royale de musique, est invitée à se présenter le plus tôt possible, rue Louis-le-Grand, 17, à l'étude de M⁵ Jean-Achille Couturat, notaire, pour affaire qui la concerne.

» TIMOLÉON DURAND, *maître clerc.* »

Toujours alerte, l'ancienne danseuse se rendit au lieu où elle était appelée. On lui apprit alors qu'un protecteur fervent des arts, qui désirait garder l'anonyme, ayant appris par le *Vert-Vert* l'accident qui la forçait de renoncer à la scène, s'était arrêté à la pensée généreuse de lui offrir une compensation. Il s'agissait d'une inscription de rente 5 pour 100 qui donnerait 6,000 francs de revenu.

Mademoiselle Pierrette trouva l'aventure originale et accepta d'emblée.

Si elle avait eu encore la libre disposition de son orteil, elle eût certainement fait un rond-de-jambe de contentement.

Sous Louis Philippe, pour un rat d'Opéra, 6,000 francs par an, c'était le Potose. Paris n'était pas encore la ville de marbre où celui qui n'est pas millionnaire est considéré, ou peu s'en faut, comme étant à la besace. Mademoiselle Pierrette se fit une petite existence calme, douce, presque poétique. Ajoutons qu'elle ne renonça point pour cela au labeur des gravures de modes. En ajoutant à son revenu le produit de ce travail, elle parvenait à se faire une position qui ne jurait plus tant avec celle de ses anciennes camarades, les choryphées de la danse.

Au milieu de son modeste bonheur, une chose l'étonnait; c'était de ne jamais entendre parler du bienfaiteur qui lui avait fait remettre par un notaire un second exemplaire de la corne d'abondance.

— Ce doit être un vieux fou, disait-elle, quelque original, doublé d'un bon cœur.

Bientôt les semaines devinrent des mois, les mois des années. Les années s'accumulaient. Mademoiselle Pierrette, devenue égoïste, ne songeait qu'à se laisser aller au courant du jour. Dix années venaient de s'écouler.

Mais le comte, qu'était-il devenu? Vivait-il donc encore? Allait-il toujours à l'orchestre?

Dix années changent bien des choses dans le train du monde. Il n'y a pas que les trônes qui tombent. On ne voit pas seulement disparaître les dynasties. Tandis que les petits deviennent grands, les grands se rapetissent. C'est la roue de la Fortune qui tourne.

Un matin, au moment où mademoiselle Pierrette renouvelait ses tulipes dans une aiguière de cristal, la camériste qui la servait vint lui annoncer qu'un bonhomme assez déplumé demandait à lui parler.

— Quelque vieux danseur éclopé qui vient me demander l'aumône d'un louis, en qualité de confrère, pensa-t-elle.

C'était bien un vieil homme, mais ce n'était point un danseur. Le visiteur, au contraire, annonçait un personnage de distinction, une figure fine, enjouée. Tout ce qu'on voudra, mais il était aisé de deviner qu'il y avait là-dessous quelque grandeur déchue. Habits autrefois élégants, mais râpés; un paquet de breloques sur le ventre mais pas de diamants; à la main, un chapeau qui devait avoir essuyé les rafales de trois saisons, pour le moins.

— Mademoiselle, dit-il en s'inclinant, je suis le comte de Boismorand.

Voyant que ce nom n'éveillait aucune idée dans l'esprit de l'ex-danseuse, il reprit :

— Ah! c'est juste, vous ne m'avez jamais vu; vous ne me connaissez même pas de nom. Eh bien, je suis l'habitué de l'orchestre, pardon! le protecteur anonyme qui, un jour, chez Mᵉ Couturat, notaire, rue Louis-le-Grand...

— M'a fait remettre un titre de rente de 6,000 francs?

— Hélas! oui, mademoiselle.

Et avec un gros soupir :

— Un proverbe dit : « Qui a bu boira — qui a joué jouera. » J'ai continué à jouer. J'ai perdu coup sur coup. Je me suis ruiné de fond en comble. Ruiné à soixante-quinze ans, quand on a été, toute sa vie, à l'abri du besoin, c'est rude, mademoiselle. Que faire? que devenir? Les gens d'aujourd'hui et les Anglais se tuent. Pour nous autres, débris de l'ancien régime, ce n'est pas dans nos façons. Ainsi donc, je demande à continuer à vivre, et c'est de vous que cela dépend, mademoiselle.

— Monsieur le comte, se hâta de répondre mademoiselle Pierrette en se dirigeant vers un secrétaire, attendez, je vais vous rendre votre titre de rente.

— Mon titre de 6,000 francs? Eh! mademoiselle, je n'en demande pas tant.

Reprenant alors la posture et le ton d'un diplomate, M. de Boismorand expliqua en termes d'une grande délicatesse qu'il ne souhaitait de la petite personne qu'une chose fort simple; c'était qu'elle arrangeât son installation à la maison hospitalière de Sainte-Périne.

— Tout compris, ajouta-t il, ça vous coûtera 1,500 francs par an — pendant peu de temps.

Comme elle insistait pour la restitution entière, il s'y opposa héroïquement.

— A Sainte-Périne, mademoiselle; rien de plus, rien de moins.

C'est, en effet, à Sainte-Périne que M. le comte de Boismorand est mort en 1855.

Mademoiselle Pierrette va, tous les ans, le jour de la Toussaint, déposer un bouquet sur sa tombe.

IV

UN NEZ D'ARTISTE

I

La Bruyère a forgé des noms de fantaisie pour les appliquer à des personnages réels de son temps. Rien de plus délicat que ce procédé qui met d'accord les susceptibilités du monde et la liberté du faiseur de portraits. A la cour et chez les critiques, on disait tout bas, je le sais bien :

— Ménalque, c'est un tel.
— Damis, c'est un tel.
— Léandre, c'est un tel.

Oui, on le disait, et souvent c'était tomber juste, mais on se trompait aussi de figure, et, dans tous les cas, l'homme décrit, ne se voyant pas nommé en toutes lettres, était toujours le dernier à supposer qu'on eût esquissé en public son visage, ses habitudes, son tic, son langage, ses mœurs.

C'étaient là les petits profits de la liberté d'écrire

telle qu'elle existait chez nos pères. Nous autres, nous n'y voyons plus tant de finesse. Nous nommons tout le monde. Nous cassons les vitres. Nous faisons, sans nous en inquiéter, cent blessures par jour à l'amour-propre d'autrui, et quand, par aventure, on nous rend la pareille, il faut voir les grimaces et entendre les cris :

— Ce bélître ne pouvait-il pas prendre la méthode de la Bruyère ? s'écrie-t-on.

Au fond ce serait bien dit si l'on eût commencé par faire ce qu'on recommande. Mais c'est bien assez de préambule historique et critique comme cela. Aujourd'hui j'ai à raconter une anecdote sur un contemporain (on me dit que l'homme est mort depuis peu, mais je n'en suis pas sûr). En réalité, le fait n'a rien qui puisse blesser un galant homme, mais comme il s'y trouve l'intention très marquée de faire rire le lecteur aux dépens du nez d'un artiste, il est juste de ne le faire qu'avec des ménagements.

Voilà pourquoi j'ai recours à la méthode de la Bruyère.

J'appellerai l'artiste en question Nérestan, qui est un beau nom de personnage tragique, nom forgé par Voltaire en personne, s'il vous plaît.

II

Nérestan, homme d'une autre génération, est très agréablement connu à Paris, d'abord par son talent, qui a été souvent applaudi au théâtre, et ensuite par la petitesse de son nez.

Ce petit peu de nez qu'on lui voyait au milieu du visage pouvait-il bien passer pour un nez ?

Tous les Parisiens, de 1830 à 1848, ne pouvaient se trouver en face de Nérestan sans jeter aussitôt un cri d'étonnement.

— Peut-on avoir si peu de nez ?

Vous voyez que c'est le contraire de ce nez fameux, grandiose et monumental que Sterne fait passer un jour par la ville de Strasbourg et qui remplit d'enthousiasme tous les bords du Rhin.

Quoi qu'il en soit, Nérestan était à peu près le seul à ne point s'étonner de l'étendue un peu modeste de son nez.

— Est-ce que ce ridicule appendice que nous avons tous entre les yeux et la bouche, disait-il, signifie quelque chose ? n'en suis-je pas moins dans le *Panthéon des célébrités du siècle* ?

III

Cependant un jour, vers 1843, je crois, Nérestan, qui était un fureteur, se promenait sur la ligne des boulevards extérieurs.

En ce temps-là ces quartiers, tout pleins d'une population mêlée, laissaient voir de vingt pas en vingt pas des marchands de bric-à-brac, des boutiques de potiches et de camées, cent musées en plein vent.

A la hauteur de la chaussée des Martyrs, Nérestan avisa son propre portrait.

Gage d'amour par l'amour... oublié... ou même vendu.

Le marchand, afin de le faire ressortir, l'avait placé entre un ancien cadenas de la Bastille et une calebasse du nouveau monde.

Hélas! tout était inglorieux dans cet entourage, ce qui l'avoisinait et son propre cadre, dont les baguettes dédorées étaient déjà disloquées sous l'action des intempéries.

— Au fait, tant mieux, pensait Nérestan. Plus il est disloqué, moins il me coûtera cher.

IV

En jouant l'amateur indifférent qui marchande tout ce qui excite un peu sa fantaisie, Nérestan s'approche de la personne qui tenait la boutique.

— Combien ce portrait, madame ? demanda-t-il tout en faisant sauter son lorgnon.

— Monsieur, c'est peu de chose; monsieur, c'est...

Mais ces marchandes-là sont toutes de fines mouches. Celle-là, qui sait son métier, a jeté un rapide coup d'œil sur l'acheteur, et elle a démêlé sans efforts la ressemblance qui existe entre lui et le portrait. La constatation faite, elle reprend avec un terrible sang-froid.

— Monsieur, c'est trente francs.

— Trente francs ! cette croûte !

— Pas si croûte que ça, monsieur !

— Mais regardez donc ce cadre. Ça ne vaut pas trois sous.

— Oh ! monsieur, il ne s'agit pas du cadre, mais du

portrait. Tenez, il y a là le nom par derrière; un nom connu, une célébrité, une gloire ! Monsieur m'a l'air d'un fin connaisseur ; par conséquent, il doit connaître les hommes célèbres. Ce portrait en est un. Est-ce trop trente francs pour un homme comme celui-là ? Si c'était un simple propriétaire, un charcutier ou n'importe qui de semblable, je ne dis pas, mais un nom connu, ça se paye, ça. C'est trente francs, vous dis-je.

Un moment la vanité de Nérestan fut agréablement chatouillée. Comme le jésuite Bourdaloue, il entendait le peuple faire son éloge, mais aussi trente francs un morceau de toile deux fois grand comme la main et tout disjoint, c'était bien salé.

— Je ne le céderai pas à un centime de moins, répétait la ferrailleuse.

V

Nérestan s'éloigna tout en rêvant.

— Quelle situation perplexe ! se disait-il. D'un côté, je ne puis me résoudre à donner trente francs pour cette *machine-là*; d'autre part, faut-il donc que mon image soit exposée à ce pilori des boulevards extérieurs, sous le nez des passants ? Avisons à tourner la difficulté.

Voici ce qu'imagina le génie inventif de Nérestan.

Le soir même, lorsque le soleil fut au-dessous de l'horizon, Nérestan, profitant des pénombres du crépuscule, adapta à sa figure un nez en carton de vingt-cinq sous, nez d'une proéminence tout à fait aquiline.

— Qui pourrait me reconnaître maintenant ? pensait-il.

Ainsi accoutré, il se glissa auprès de la boutique. Pour comble de bonne chance, la marchande du matin est remplacée par son mari, lourdaud qui ne fait aucune difficulté de livrer le portrait pour un petit écu.

— Attendez que je paie, dit l'artiste.

En même temps, il ouvre son porte-monnaie, mais l'argent tombe à terre ; on cherche ; Nérestan se baisse imprudemment et son nez postiche, un peu fouetté par le vent, roule sur le pavé.

— Qu'est ce que c'est que tout ça ? demanda le marchand de bric-à-brac.

Sur ces entrefaites revient la femme dudit industriel. Ah ! les yeux d'une femme, est-ce que ça ne voit pas tout, même ce qui n'est pas ? La femme reconnaît vite l'amateur du matin.

— Eh ! malheureux ! s'écria celle-ci en interpellant son mari trop facile, que fais-tu ? Un petit écu ! Ce portrait vaut trente francs comme un liard.

— Il est vendu, madame ! il est vendu ! riposte Nérestan. Tenez, l'argent est ici, à terre. Ramassez-le. J'ai payé ! Ce portrait m'appartient.

Là-dessus, tenant la toile, il court à toutes jambes sur Paris, oubliant de ramasser le nez en carton.

Or, ce second nez, précieusement ramassé par la marchande, est en vente depuis ce jour mémorable, c'est-à-dire depuis vingt-cinq ans, avec cet écriteau :

NEZ DU CÉLÈBRE NÉRESTAN

P.-S. — Nérestan, ce n'était autre que feu Panseron, le célèbre auteur de livrets d'Opéra-Comique.

V

NOS ORPHÉES

Ce cycle de 1830, dont l'éclat rayonne encore sur les générations actuelles, aura été d'une fécondité prodigieuse. On pourrait dire que ce spectacle tient de la féerie. Jamais, en aucun temps, ni en aucun pays, une terre n'a vu naître un pareil nombre de beaux génies de toute sorte. Nous n'en exceptons ni la Renaissance italienne sous les Médicis, ni le siècle si justement vanté de Louis XIV. Mil huit cent trente a fait sortir à foison du sol de grands poètes, de grands historiens, de grands peintres, de grands tribuns, de grands sculpteurs. Il a donné l'éveil à un théâtre nouveau et d'une merveilleuse originalité, auteurs et acteurs. Il a suscité un groupe de musiciens qui ressemble à une Voie Lactée tant il a d'éclat, groupe formé de Rossini, de Meyerbeer, de F. Halevy, d'Auber, de Bellini, d'Hector Berlioz, d'Hippolyte Monpou, d'Aldophe Adam, de Félicien David et de cinq ou six autres que je ne nomme pas. Pour les instrumentistes, même abondance. Faut-il les nommer? L'histoire de l'art a déjà gravé leurs noms sur le bronze : Paganini, de Bériot, Franz Liszt, Chopin,

Sigismond Thalberg, Huerta le guitariste, Albert Sowinski, et combien d'autres! Ainsi cet âge d'or non plus n'aura pas manqué d'Orphées.

Il faut bien que, pour parler de Nicolo Paganini, je me résigne à dire que l'illustre violon avait la figure d'un personnage d'Hoffmann. De haute taille, pâle, sec, avec de longs cheveux retombant sur le dos, sombre, taciturne, il en était de lui comme du Dante, il avait bien l'air de revenir de l'enfer. Non, il n'arrivait que de Gênes, la ville de marbre, sa patrie. « On peut naître « n'importe où, suivant les caprices du hasard, disait-il, « mais on n'est sacré artiste qu'après avoir été applaudi « à Paris. » C'était pour cette raison qu'il avait fait dans nos murs une première apparition. Paganini avait donné un concert et il avait pleinement réussi, je dois me hâter de le dire. Ce soir-là, au théâtre Ventadour, la toile levée, les dilettanti, leur lorgnon braqué, avaient vu s'avancer sur le devant de la scène un homme seul, ayant à la main gauche un violon, un Amati, je crois, et à la main droite un archet. L'homme avait salué comme saluent les Italiens, c'est-à-dire très cérémonieusement. Une minute après, il souriait. Ah! le sourire de Paganini, aucune langue humaine ne pourrait exprimer ce que c'était! Pour sûr, il y avait là-dedans quelque chose qui n'était pas de ce monde. Et puis, l'homme avait joué, mais d'une manière incomparable. Tout aussitôt la salle avait applaudi avec transport; non, ce n'est pas assez dire, avec frénésie. Les spectateurs avaient crevé leurs gants blancs; les femmes avaient arraché les bouquets de leurs ceintures pour les jeter à cet enchanteur. Dès le lendemain, la presse tout entière enregistrait ce triomphe du Génois; Paganini était célèbre.

— Signor, n'allez-vous donc pas donner un second concert? lui dirent quelques enthousiastes.

— J'en donnerai un second, si vous voulez, répondit-il, mais ce sera bien superflu. Pourquoi? C'est que ce second concert n'aura pas de succès et ne produira rien, pas même les frais.

La raison sur laquelle il se fondait pour parler ainsi était des plus ingénieuses. D'un seul coup d'œil, Paganini avait deviné et compris le Parisien. Chez nous, un homme seul, fût-il le plus grand des artistes, n'attirera jamais le public et n'enflammera pas une salle. Une fois, par hasard, il avait remué quinze cents personnes, mais il y avait à cela deux motifs : d'abord ces auditeurs avaient été attirés à Vendatour pour entendre un opéra bouffe et il n'était venu, lui, que par surcroît; en second, il y avait en cette affaire l'attrait de la nouveauté. « On ne les y reprendra plus, du moins pour quelque temps », ajoutait-il avec la finesse habituelle aux compatriotes de Mazarin et d'Alberoni. Mais il n'en donna pas moins un second concert, et cette seconde épreuve, quoique très honorable pour lui, n'était pas ce que le premier violon du monde connu était en droit d'attendre.

Pour ne rien céler, je dirai ici que, déjà à cette époque, Paganini, vivant sans faste, mangeant chichement, s'habillant presque d'une manière sordide, avait un péché mignon. Il aimait avec passion l'argent et avec avidité l'or. Dans ces temps-là, de 1830 à 1832, Paris, tout entier à la fièvre de l'art et aux orages de la politique, avait des goûts tout autres. On ne nous avait pas encore dit : « Enrichissez-vous ! » et qui eût prononcé ces belles paroles eût, pour sûr, reçu un charivari, car ces concerts nocturnes, devenant un moyen d'opposition, étaient fort à la mode d'un bout de la France à l'autre. Bref, Paganini vit bien qu'il n'y avait chez nous qu'à faire une courte halte. Le deuxième concert fini, il plia bagage et partit pour Londres.

Il paraît que deux vers d'un vaudeville de M. Scribe, l'avaient fortement encouragé à enjamber le Pas-de-Calais :

> En France, on aime le talent,
> Mais on le paie en Angleterre.

Il partit donc et il ne reparut à Paris qu'au bout de six mois, c'est-à-dire au commencement du printemps de 1832. Quand il nous avait quittés, il était pâle, amaigri, morose; il toussait même un peu. On prétendait alors qu'il n'aurait pas la force de supporter la mer; on ajoutait que, s'il passait le détroit, il ne résisterait ni aux brouillards de la Tamise, ni aux vapeurs du charbon de terre. Nous ne devions plus le revoir. Le charbon de terre, les brouillards, la mer, les viandes bouillies, la face de John Bull, Paganini avait tout surmonté. Il nous revenait presque gras et bien portant.

Lorsque le choléra se propagea à Londres, en faisant tomber cinquante mille victimes par jour, on ne manqua pas de dire à Paris que le grand violon serait l'un des premiers atteint et que sa faiblesse ne résisterait pas aux fureurs de l'épidémie. Paganini revint de Londres sans même avoir fait quarantaine; et le docteur Bennati, son médecin habituel, affirmait que ses poumons avaient acquis plus de force. Cet instrumentiste, qu'on avait voulu faire passer pour poitrinaire, ne devait mourir que d'apoplexie et aurait, un jour, l'embonpoint de Lablache, la fameuse basse.

Bien entendu, les faiseurs de bons mots brodaient là-dessus de jolies petites épigrammes. Sur le boulevard des Italiens, les fumeurs de cigares blaguaient à qui mieux mieux. A les entendre, après ce voyage dans les Trois Royaumes, où il avait gagné 500,000 francs, somme énorme pour l'époque, la santé brillante de Paganini, donnait plus d'autorité aux savantes dissertations du docteur Chrétien de Montpellier sur les préparations médicales d'or. Ainsi le tempérament de l'artiste s'accommodait à merveille de ce système; seulement, chez lui, l'application de l'or, au lieu d'être faite d'une manière interne et à petites doses, devait s'opérer extérieurement et en grand quantité.

— C'est au point, disait un critique, que si, le jour de sa mort, on plaçait Paganini dans un cercueil en or massif, ce contact produirait infailliblement un miracle et rendrait aussitôt la vie au célèbre violoniste.

Au surplus, les succès de Paganini en Écosse et en Irlande avaient peu surpris les Parisiens. On sait que, dans ce pays, les vieilles traditions maintiennent les idées du peuple au merveilleux, au surnaturel. Or, à l'aspect du mystérieux artiste, les bruits les plus extraordinaires circulaient. Ils se disaient que Belzébuth en personne avait pris l'archet pour recruter des âmes; Méphistophélès s'était fait violon; Astaroth, ménétrier; Lucifer, troubadour. Et l'on courait aux concerts de Paganini comme aux féeries, et l'on en sortait convaincu de la vérité de mille assertions bizarres. On avait vu la figure fantastique de l'Italien, on avait été témoin de ses tours de force miraculeux sur son instrument; on avait frémi à ses conversations diaboliques. Et là-dessus Paganini riait d'un rire sardonique, laissant de côté les âmes et ramassant les guinées.

Du reste, après le retour à Paris, ces rumeurs enfantines n'avaient pas cessé.

On prétendait que Paganini était joueur. Toutes les nuits, il les passait à la Roulette, encore existante en ce temps-là. Tous ses jours, il les employait à étudier la martingale mitigée de D'Alambert. Son teint livide, ses yeux caves annonçaient ce fait. Son air constamment préoccupé en était la preuve.

D'autres avançaient que Paganini, miné par des vices secrets, était criblé de dettes. Il n'avait pas touché un sou des 500,000 francs gagnés en Angleterre. Ses créanciers avaient délégué à sa suite un agent d'affaires chargé d'encaisser les recettes. Paganini, toujours suivi de cet *ami intime*, comme un R. P. jésuite de son *socius*, de ce recors, de cette ombre, ne pouvait faire une note ni donner un coup d'archet sans la permission de ce susdit agent d'affaires.

Ainsi, de l'autre côté du détroit, Paganini était double: 1° lui, 2° l'agent; 1° le Paganini qui gagne, 2° le Paganini qui touche; 1° le Pagani du violon, 2° le Paganini de la caisse. Par suite de ces racontars, l'agent d'affaires plaçait Paganini dans une des chambres les plus reculées de l'hôtel, et si les oreilles des voisins avaient saisi quelques notes au passage, ils recevaient le lendemain, une facture signée de l'agent d'affaires. *Pour tant de mesures ouïes, tant*, etc, etc,

Il va sans dire que ce n'étaient là que de ces contes bleus comme on ne se lasse pas d'en faire à Paris. (1)

Il était vrai que Paganini était grand joueur... de violon. Il était vrai qu'il passait toutes ses nuits... dans son lit. Il était vrai que son teint livide annonçait... l'étude. Il était vrai aussi que Paganini avait gagné 500,000 francs en Angleterre. Il était également vrai qu'il ne les avait plus, et il ne les avait plus parce qu'il les avait envoyés à son notaire de Gênes, en lui en indiquant l'emploi.

En 1832, la fortune de Paganini pouvait s'élever à un

(1) Par quels procédés cet Italien obtenait-il de tirer de son instrument des sons divins? L'Europe se faisait tous les jours cette question, mais sans y répondre. Ça n'avait rien de pratique, rien d'humain. On croyait donc que Paganini avait des secrets et Paganini le laissait croire. Un Anglais nommé Harris, et violoniste distingué, se jura de les surprendre. Harris suivait partout Paganini, dans les concerts, dans les hôtels, dans tous ses voyages. Il s'arrêtait aux mêmes auberges que le maître et louait la chambre voisine. Là, nuit et jour, il prêtait une oreille attentive pour entendre les études. Peine perdue! Insomnies inutiles! Pagani n'étudiait jamais : il ne touchait à son violon que pour l'accorder, avant le concert. Harris revint *bredouille* de son voyage d'exploration. Harris n'était pas le seul. Meyerbeer, lui aussi, avait juré de surprendre les secrets du maître. Admirateur passionné de Paganini, il voulait se rendre compte de cette méthode mystérieuse qui déconcertait tous les virtuoses. Meyerbeer suivit le célèbre Italien dans tous ses concerts en Allemagne; il en entendit dix-neuf de suite, au bout desquels il n'était pas plus avancé qu'Harris.

— Il faut, se disait l'illustre compositeur, que ce Génois soit un démon ou un dieu.

4.

million de francs. En 1840, quand il est mort, il a laissé à son fils trois millions, moins 25,000 francs légués à Hector Berlioz, à cause de l'estime que le grand violon professait pour ce convaincu de l'art. La dernière acquisition faite par l'artiste à Gênes, son pays natal, était un superbe palais où il comptait établir un Conservatoire de musique à l'usage des jeunes Italiens pauvres.

Après tout, la vie de cet excentrique a été une existence des mieux remplies.

Trois maîtres, parmi les pianistes, se partageaient, il y a quarante-cinq ans, le sceptre de l'art : Thalberg, Liszt, Chopin. — De ces trois brillantes individualités, l'une, Chopin, s'éteignit jeune encore, à l'âge à peu près auquel disparurent Raphaël et Mozart. Une autre, Liszt, ayant renoncé aux succès enivrants des salons, a changé les touches du piano avec celles des orgues des saintes cathédrales. Comme Augustin et Abeilard, il a demandé à l'Eglise, ce refuge des cœurs blessés ou des âmes blasées, un remède aux satiétés mondaines. — Et Thalberg est mort en 1870, au moment où tombait la France.

Tous les trois, ces privilégiés de l'art, passionnèrent la foule et excitèrent l'admiration des adeptes; tous les trois ils ont laissé des œuvres dont la beauté, généralement appréciée, l'est encore davantage par les rares exécutans assez sérieux pour reconnaître l'impossibilité d'atteindre la perfection désespérante des maîtres qui les ont enfantées. Mais combien ces œuvres, que leur mérite incomparable voudrait rendre égales, diffèrent entre elles et par la nature et par le caractère !

Pour connaître Chopin, en tant qu'homme, sa figure, ses caprices, son irritabilité, ses mœurs, il faut lire, d'abord, un livre où George Sand, qui était alors sa maîtresse, raconte comment elle a passé avec lui une année aux îles Baléares, puis la correspondance de l'illustre femme et aussi une Monographie, (*F. Chopin*), publiée en 1852 par F. Liszt, son émule. Joignez-y un portrait au crayon, très populaire, il y a quarante-cinq ans. — Ici nous ne nous occupons que du pianiste.

Chopin, — c'est Liszt lui-même qui le dit, Liszt qui ajouta à ses titres celui d'avoir été le juge le plus compétent et le plus éloquent panégyriste de son rival, — Chopin eut pour l'art le culte respectueux que lui portaient les premiers maîtres du moyen âge. Comme pour eux, l'art était pour lui une sainte vocation ; comme eux, il était fier d'y avoir été appelé et y apportait une religieuse piété. Nature d'élite, sensibilité exquise, constitution délicate et maladive, ses allures ne pouvaient être que libres ; il a violenté son génie chaque fois qu'il a cherché à l'astreindre aux règles, aux classifications, à une ordonnance qui n'étaient pas les siennes et ne pouvaient concorder avec les exigences de son esprit, dont la grâce se déployait surtout lorsqu'il semblait aller à la dérive. Il n'a pu enserrer dans des lignes anguleuses et raides ce contour flottant, cette indécision nuageuse qui estompe les arêtes de la forme et la drape de longs plis, comme ces flocons brumeux dont s'entouraient les beautés ossianiques, lorsqu'elles faisaient apparaître aux mortels quelque suave profil du milieu des changeantes nuées.

Il épanche son âme dans ses compositions, comme

d'autres l'épanchent dans la prière : en y versant toutes ces effusions du cœur, ces tristesses inexprimées, ces indicibles regrets que les âmes pieuses versent dans leurs entretiens avec Dieu. Il disait dans ses œuvres ce que l'on ne dit qu'à genoux : ces mystères de passion et de douleur qu'il a été permis à l'homme de comprendre sans paroles, parce qu'il n'a pas été donné à la parole de les exprimer.

Aimant jusqu'à l'idolâtrie son pays natal, il en rapporta dans son cœur et dans sa mémoire quelques-uns de ces airs nationaux, que des voix fraîches et sonores ont bien des fois répétés dans la solitude, aux heures matinales ; il s'empara de ces improvisations avec un rare bonheur, pour y ajouter tout le prix de son travail et de son style ; les taillant en mille facettes, il découvrit les feux cachés dans ces diamants et les monta en ruisselants écrins.

Ce ne fut qu'aux dernières années de sa vie, que sous l'oppression de violences contenues, après avoir fatigué son sentiment, il se prit à le subtiliser. La mélodie, chez lui, devint alors tourmentée ; quelque chose de nerveux et d'inquiet amène un remaniement de *motifs* d'une persistance acharnée, pénible comme le spectacle des tortures causées par ces maladies de l'âme ou du corps qui n'ont que la mort pour remède. Une élégiaque tristesse y prédomine, entrecoupée par des mouvements effarés, de mélancoliques sourires, de soubresauts inopinés, de repos pleins de tressaillements, inspirations de tous les moments extrêmes, de toutes les agonies, des râles et des contractions, quand les nerfs, en cessant d'être les organes de la volonté, réduisent l'homme à ne devenir que la proie passive de la douleur. Toutes les hystérisques du monde européen, — et il y en a bon nombre, — sont folles de ce mort et le jouent sans cesse sur le piano.

Franz Liszt ! La jolie et curieuse histoire qu'il y aurait à écrire à propos de celui-là ! C'en est un qui, lui aussi, appartient, corps et âme, aux temps romantiques. Paris lui a presque dressé des autels. Les gens d'en haut couraient à ses concerts comme les gens du peuple vont aux clubs, avec passion. Qui n'a vu la charge en plâtre faite par Dantan ? Le pianiste y est représenté jouant de son instrument en le tourmentant non avec ses mains, mais avec ses longs cheveux, et il a au côté le fameux sabre, orné de pierreries, que lui ont voté ses compatriotes, les Hongrois. Nul n'a eu plus d'aventures mondaines. On connaît surtout son roman avec la belle comtesse d'Agoult (Daniel Stern), d'où est résultée la jeune femme qu'a épousé, plus tard, en première noces, M. Emile Ollivier. — Lire encore, à ce sujet, la Correspondance de George Sand. — Franz Liszt va à Rome. Lassé de tout, désabusé de tout, il est touché de la grâce, se convertit, entre dans les ordres et le voilà prêtre. Nous l'avons rencontré à travers les rues de Paris en costume ecclésiastique, avec un tricorne très crânement posé sur le coin de l'oreille. — Tout est bien qui finit bien.

Mais parlons du musicien, qu'on oppose si souvent à Chopin.

Liszt, lui, qui sut si bien lire dans l'esprit séraphique et raphaëlesque de Chopin, Liszt, qui lui rendit si amplement justice et qui fit avec sa plume, comme

Clesinger avec le ciseau, un portrait impérissable de Chopin, Liszt, nature nerveuse aussi, mais vive, ardente, fougueuse, imposa l'admiration plus encore qu'il ne l'inspira. Tyrannisant la muse, brutalisant le clavier jusqu'à le faire gémir sous ses doigts d'acier, comme on faisait craquer les os du torturé sous l'étreinte de la tenaille, il le força à exprimer tout ce qui éclosait d'imprévu, d'inaccoutumé et d'impétueux dans sa brillante imagination. Il dompta le piano comme les Indiens font des cavales sauvages de leurs plaines incultes, en leur serrant les flancs de leurs puissants genoux jusqu'à les faire fléchir sur les jarrets. Se jouant des difficultés des grands maîtres allemands, il se plut à y renchérir, par des dessins inextricables d'harmonie, qui saisissaient l'auditoire, l'effrayaient presque, et à coup sûr le contraignaient à y applaudir. On croit entendre, dans quelques-unes de ses compositions, comme un cliquetis d'armures, un choc de sabres, le piétinement des sabots de chevaux sur le casque des mourants; un je ne sais quoi de heurté, de saccadé; des cris et des grincements qu'on suit avec angoisse, avec épouvante, qu'on voudrait voir cesser; que, dès qu'ils cessent, on voudrait voir recommencer, et qu'on redemande avec un enthousiasme avoisinant le délire.

Aussi, est-ce peut-être à Liszt que Chopin adressait un jour ces paroles que son illustre biographe nous a transmises : « Je ne suis pas propre à donner des conseils, moi que le public intimide, qui me sens étouffé par ces regards curieux, muet devant ces visages étrangers; mais vous, vous y êtes destiné, car lorsque vous ne gagnez pas le public, vous avez de quoi le subjuguer. »

Et je ne m'étonne pas que les Hongrois ne trouvassent de plus beau présent à faire au pianiste célèbre qu'un sabre enrichi de pierreries !

Quoi qu'il en soit, Liszt s'est élevé dans des sphères si inaccessibles par les hardiesses et les témérités de ses compositions, qu'il a rendu tout à fait impossible le rôle des imitateurs, et qu'il lègue une tâche bien ardue aux interprètes qui osent aborder ses œuvres titaniques.

Et Sigismond Thalberg ?

Celui-là passait pour être, comme M. de Morny, le fils adultérin d'une reine charmante, mais qui, paraît-il, a mis au monde plus de bâtards qu'il n'y avait de lettres dans son nom. Il n'importe ! Il a droit de figurer au nombre des grands instrumentistes de cette époque. Il était pianiste mais comme pouvait l'être un prince. Épris par un sentiment inné et instinctif des beautés de la forme, Thalberg, dont l'élégance a ce parfum d'aristocratie qui caractérise si bien la race, Thalberg parut par sa nature même ne rien comprendre dans l'art, qui ne fût la grâce, la noblesse, la distinction. Rien de plus pur, de plus exquis, de plus correct, que l'œuvre tout entier de cet artiste patricien, pour qui le vulgaire fut l'inconnu ; car il n'eut pas besoin d'abhorrer ce qui aurait répugné à son goût fin et délicat, ou de répéter avec le poète : *Odi profanum vulgus ;* on eût dit que des sphères élevées où il planait, il lui était impossible d'apercevoir ce qui rasait le sol. Statuaire, sous Périclès, il eût été avec Phidias ; poète, sous Auguste, il eût été l'ami de Virgile ; savant, sous Louis XV, il eût été M. de Buffon. Sans mièvrerie, comme sans raideur, ses compositions devinrent des modèles de l'art et seront toujours recherchées, ne fut-ce que pour la pureté irréprochable de la forme, pour l'élégance du dessin, pour la beauté sévère des ornements.

Comme dans sa personne, Thalberg avait dans ses œuvres quelque chose de fin, de soyeux, une aisance, une fierté sans hauteur, des allures foncièrement et naturellement distinguées, des manières marquées de la plus haute aristocratie. On comprend qu'il ne dût pas se trouver dépaysé à Tœplitz, quand il y accompagna l'empereur Ferdinand et qu'il eut pour auditoire ce parterre de princes et de souverains, qui fit dire du jeune et déjà célèbre artiste : « C'est le roi des pianistes et le pianiste des rois. »

Un critique d'art, M. de Thémines (A. de Lauzières), qui est né en Italie, de parents français, nous a raconté un souvenir renfermant, à propos de l'artiste, des faits bien caractéritisques.

Cela se passait pendant le règne de Louis-Philippe, mais la scène était à Naples.

Rossini y était à la même époque. Lablache, dont une des filles, la veuve du peintre Bouchot, épousa Thalberg, s'y trouvait aussi. Cette année-là, on eût dit que les plus grands artistes, statuaires, peintres, musiciens, etc., s'étaient donné rendez-vous dans la ville des sirènes. En ce moment les Napolitaines avaient encore cette pauvre manie des albums, que les poètes et les artistes ont fini par trouver intolérable et ont réussi à faire disparaître. On eut envie d'un album, envie que la pléiade de célébrités arrivées, comme à point donné, rendait irrésistible et justifiait. Mais on sait ce que les célébrités font ou plutôt faisaient des albums. Elles les laissaient languir sur un piano ou sur un guéridon, remettant toujours au lendemain le supplice d'y ajouter une page.

Quant à M. de Thémines, sollicité par une grande dame, il voulait aller plus vite en besogne. Mais nous lui laissons la parole.

— Je coupai, dit-il, des feuilles de bristol en petits carrés, grands comme les pages d'un in-18, j'en remis un à chaque compositeur, peintre, poète, etc. Une simple carte, cela n'effraye pas comme un album; on y trace une phrase, un quatrain, un groupe de notes ou quelques traits au crayon; on signe et tout est dit. Le procédé me réussit; le surlendemain j'avais mes cinquante pages, signées des plus beaux noms de l'art, et trois jours après, le relieur ayant fait son ouvrage, il en résulta le plus riche et le plus mignon des albums qu'on puisse improviser en une semaine.

— Thalberg vous donna-t-il une de ces pages?

— Oui, et voilà comment cela arriva. J'allai le voir. C'était à l'hôtel de Vittoria, au bord de ce golfe délicieux dans lequel se mire coquettement la ville tyrrhénienne. La mer était d'émeraude, le ciel de saphir. La lune déployait sur la nappe nacrée les lames de son brillant éventail; une nuit tiède, éloquente, mystérieuse; la brise nous arrivait par les croisées entr'ouvertes tout imprégnée des senteurs des fleurs d'orangers. Je ne sais quelle impression fit cette nuit si belle sur Thalberg; mais, après avoir échangé quelques mots avec nous, — nous n'étions que trois, lui compris, — il se mit au piano, et y laissa errer, je dirais presque rêver, ses doigts. Non, jamais je n'ai entendu de plus suaves et de plus caressantes mélodies. On eût dit que ses inspirations trouvaient en nous l'accord des mêmes pensées ; qu'elles les entraînaient à la suite dans leur migration vers les profondeurs de l'idéal ou de l'infini. — Quand il eut cessé de rêver, et qu'il put redescendre des régions éthérées où sa fantaisie l'avait emporté, il se prit à exécuter cette divine prière de *Moïse* qui émouvait tant Rossini lui-même, et qui restera comme un des modèles du genre. Puis ce fut le tour de la *Donna del Lago*, puis encore et encore ; il était comme grisé par cette atmosphère enchanteresse ; il se croyait en devoir de rendre accords et harmonie en échange de rayons et de parfums. J'avais complètement oublié ma page d'album ; ce fut lui qui me la rappela, en me l'offrant courtoisement au moment où je le quittai : à une heure du matin ! Il avait trouvé moyen de ciseler un petit chef-d'œuvre sur la largeur d'une carte de visite. — Avis aux médiocrités vaniteuses !

Un mot aussi, en passant, sur Albert Sowinski, un autre inspiré, un fils de la Pologne, un proscrit qui a été, à bon droit, l'un des plus remarqués. Quand il s'asseyait devant son piano, lui aussi en tirait des sons élégiaques, assez doux, assez tendres, assez éplorés pour vous arracher les larmes des yeux. Mais où il excellait, c'était dans l'hymne du combat, lorsque, comme le Poète anonyme de sa terre natale et comme le grand Adam Mickiewitz, il chantait les tristesses de la patrie et qu'il appelait aux armes, les fils de Thaddée Kosciusko. Pour lecoup, on sentait un frisson de colère

ou d'effroi vous passer dans le dos. Casimir Delavigne a composé la froide *Varsovienne :* « Polonais ! à la bayon-
» nette ! » Albert Sowinski faisait dire à son piano : « Enfants de la Pologne, chassez l'étranger ou mourez
» tous jusqu'au dernier ! »

Chopin était l'élégie, Listz le dithyrambe, Thalberg l'ode sévère, Albert Sowinski, la chanson guerrière. A eux quatre, ces maîtres représentent, Chopin, le lac avec ses eaux bleues et dormantes où glissent des cygnes et où les saules baignent leurs chevelures éplorées ; Listz, le torrent impétueux qui bouillonne en écumant et bondit sur le roc ; Thalberg le fleuve majestueux qui féconde et vivifie, et dans lequel se reflètent les blanches villas, les longues files d'arbres et les fières capitales ; Albert Sowinski la mer en courroux.

VI

LES SAUTERIES

Les sauteries ont pris naissance sous le second Empire.

Qu'est-ce que c'est que ça, une sauterie ?

Une machine étrange, une réunion qui n'est pas un bal, mais où l'on danse à tout casser ; — une chose qui n'est pas une soirée, mais où l'on affecte les allures de bon ton ; — une assemblée qui n'est pas un concert, mais où l'on fait de la musique et où l'on piaille à qui mieux mieux ; — un rendez-vous de fourchettes, qui n'est pas un festin, mais où l'on bâfre jusqu'au chant du coq.

Une sauterie est une spécialité tout à fait parisienne.

Ça ne fleurit que dans le demi-monde.

Un matin, on reçoit par la poste, sous la cuirasse d'une enveloppe rouge et blanche, un petit carré de carton ayant un texte imprimé par la lithographie avec des blancs remplis à la main.

Madame Hermance de Penthièvre prie M. *** de vouloir bien lui faire l'honneur d'assister à la sauterie qu'elle donne, jeudi prochain, de onze heures du soir à trois heures du matin à son domicile, rue Godot de Mauroy, n° 455.

N.-B. — *Une tenue décolletée est de rigueur.*

On voit tout de suite ce que c'est. Un commentaire grammatical du *Dictionnaire de l'Académie française*, même rédigé par l'ombre illustrissime de Littré, ne ferait pas mieux comprendre ce que ça veut dire.

Cette année, les sauteries sont, à ce qu'il paraît, une sorte de réaction contre l'abus de l'élégie qui nous a gagnés. En ce moment, il meurt des hommes célèbres par séries. Les journaux sont émaillés d'articles nécrologiques. Il y a des pleurs, des grincements de dents sur tous les chemins. Que fait alors le demi-monde? Il s'est levé comme une seule mousseuse; il a dit :

— Comment! parce que quelques célébrités cassent leurs pipes dans la même quinzaine, il faut que nous ayons toujours un *De profondis* sur les lèvres et une branche de cyprès à la main? Non, de par le dieu qui protège les biches! Il faut rire, il faut danser! Qu'on apprête les flûtes! Ajustez les violons! C'est le printemps des sauteries : sautons!

Voilà donc pourquoi il y a, dans le moment où je vous parle, tant de ces petits bataclans dans la haute cocotterie.

Cocotterie est-il un nom français? Je ne le sais pas et ne veux pas le savoir. M. Adrien de Courcelle, sorte de vaudevilliste tombé de cheval, a publié là-dessus une espèce de glossaire. Il y définit la cocotte : « Une poule qui a des dents. » Quant à la cocotterie, il pourrait bien se faire qu'elle fût indéfinissable.

A Paris, chaque monde a ses lois. Comment se présente-t-on à une sauterie ? Pour les hommes, c'est réglé : habit noir, souliers vernis, gilet blanc, cravate blanche, gants blancs. — A très peu de chose près, c'est le costume virginal d'un nouvel époux le jour de son mariage. Quant aux femmes, leur toilette doit être indécente le plus possible.

On peut relire à ce sujet le petit carton de madame Hermance de Penthièvre, que nous avons cité plus haut.

Dans le monde, dans le vrai monde, on a horreur des sauteries. Premier point : on sait que les hommes y dansent comme des perdus, même les avocats à tête chauve, même les financiers qui ont un gros ventre. Second point : on est désespéré de n'avoir pas eu la première idée des nouveaux costumes très diaphanes qu'y portent les petites dames.

— Nous avons le tort de n'être pas assez cocottes ! disait la femme d'un ambassadeur.

Il faudrait se condamner à écrire un in-folio de cinq cents pages, si l'on voulait sténographier toutes les scènes de la vie privée que les chastes moitiés font à leurs chenapans de maris, quand elles soupçonnent qu'ils se sont évadés du toit conjugal pour cascader dans les sauteries. On leur jette alors tour à tour à la tête les noms de Cora Pearl : c'est la mode ; puis le nom de mademoiselle Passe-Lacet : c'est aussi la mode ; puis le nom d'Alice la Provençale : c'est de plus en plus la mode ; puis les cinquante étoiles de la *haute galanterie*, comme dit un reporter dans son style imagé.

Rien d'adorable comme la coquinerie hypocrite des Parisiens en ce qui concerne les sauteries. H. de Balzac, disséquant le prétexte à partie, avait imaginé l'*affaire Chaumontel* pour un jeune avocat, nouvellement marié, qui voulait toujours être dehors. Ça, ça n'est rien en comparaison des motifs qu'on trouve quand on veut sérieusement aller sauter pendant une nuit, chez ces dames.

Il y a toujours quelque spéculation cachée au fond d'une sauterie : une rencontre avec un monsieur chic, un raccommodement avec un Arthur envolé, et le plus souvent un *bac*.

Fuyez les sauteries plus que les pièges à loups.

VII

DANS LA FORÊT

POLÉMIQUE ENTRE LA CIGALE ET LA FOURMI

Il y avait déjà deux heures que je parcourais les bois de Verrières.

Harassé de fatigue, je m'étais laissé tomber sur un édredon de mousse, au pied d'un hêtre, comme un berger de Virgile, que je ne suis pas.

En été, avec de tels bois, où le vent du sud courbe légèrement les branches mobiles des arbres, ainsi que le fait un artiste aux doigts agiles pour les touches d'ivoire d'un orgue, la chaleur pousse d'ordinaire au sommeil. J'allais dormir. J'aurais fait de beaux rêves, j'en suis sûr. Un épisode inattendu ne me l'a pas permis.

Au pied du hêtre qui me servait de point d'appui se débattait une ancienne querelle entre deux ennemies vieilles comme le monde : — la Cigale et la Fourmi. —

Élève de Charles Nodier, il m'est donné d'entendre la langue mystérieuse des insectes. Jugez si je prêtai l'oreille, lorsque j'entendis ces deux filles des bois brusquer un dialogue et remplir l'air de figures de rhétorique.

Ce fut la Cigale, qui, la première, interpella en ces termes assez âpres son ancienne voisine.

— Madame la Fourmi! madame la Fourmi! ne détournez pas la tête, ne décampez pas si vite! J'ai à vous dire deux mots, ma mie. Voilà près de deux siècles que je cherche l'occasion d'avoir enfin un entretien avec vous; mais jusqu'à ce jour, ç'a été en pure perte. A mon approche, vous vous êtes enfuie, la belle, au fond de vos magasins. Un vieux hanneton philosophe, qui connaît le cœur des bêtes sur le bout de la patte, me disait, tout dernièrement : — « Pardieu, vous ne la fixerez
» jamais. En vous voyant, elle craindra toujours, ou que
» vous lui demandiez à faire un nouvel emprunt, ou que
» vous la traitiez d'avare. » Je ne sais, madame, si ce vieux rêveur vous connaît bien, mais j'affirme qu'il se trompait sur mon compte. Je ne venais pas pour quémander vos services. On n'implore pas deux fois un cœur de rocher. Je ne projetais pas non plus de vous reprocher votre avarice. Ce que j'ai à vous dire, madame, est bien plus sérieux.

Il me sembla alors que la Fourmi, qui était très visiblement contrariée, plongeait sa trompe dans l'étamine d'une pâquerette comme pour se donner une contenance.

— Vous me paraissez, ma très chère, dit-elle d'un ton aigre-doux, vous me paraissez singulièrement irritée. La colère, de tout temps, a passé dans le monde pour une mauvaise conseillère. Que vous est-il arrivé, ce matin, que vous n'ayez plus cette belle humeur d'autrefois? Avez-vous modulé des cavatines trop longues? Avez-vous été poursuivie, dans les blés, par quelqu'un de ces monstres à deux ailes qu'on appelle les hirondelles? Ne craignez pas de me mettre au courant de ce qui vous concerne, heur ou malheur. Quoi qu'en dise ce vieux radoteur de hanneton, je sais compatir à l'infortune. Il me semble, d'ailleurs, que je vous l'ai prouvé autrement que par de vaines paroles. Oui, ma chère fille, parlez, dites-moi tout; Dieu merci, j'ai des épargnes, et s'il s'agit de vous tirer de quelque mauvais pas, votre ancienne amie sera à même de le faire.

Mais elle n'avait pas plus tôt achevé cette tirade, que la Cigale, toujours prompte à la riposte, répliquait sans attendre.

— Je n'ai pas voulu vous intetrrompre, madame la Fourmi ; c'eût été contraire aux règles de la politesse, que je me flatte de connaître mieux que personne dans ce bois; mais, en m'arrêtant au milieu d'une phrase, il y a cinq minutes, je vous disais, si j'ai bonne mémoire, que j'avais un blâme sérieux à vous infliger. Je vous tiens. Vous voilà devant moi, seule à seule, et sans moyen de m'échapper. En quatre ou cinq mots, je vais vous préciser mes griefs.

— Parlez, parlez, ma chère belle, dit la Fourmi en affectant une sérénité d'âme et un sang-froid qu'elle n'éprouvait pas.

— Je le répète, reprit la chanteuse, voilà tantôt deux

siècles que vous faites courir sur mon compte toutes sortes de vilains bruits. Il serait bien temps que cela prît une fin, madame. A votre instigation, un faiseur de contes, Jean de la Fontaine, m'a montrée aux yeux du monde tout à la fois comme une prodigue et comme une coureuse. Sur la foi de ses vers, on a fait de moi le prototype de la petite femme dissipée, qui s'envole partout où il y a du plaisir, des fleurs, de la musique, des noces, et, qui, le lendemain, se trouve délaissée, sans sou ni maille, et un peu fanée par-dessus le marché. Demandez à l'honorable bourgeois qui passe de l'autre côté de la forêt sur un petit cheval modéré, qui ne va jamais plus haut que l'amble; demandez-lui ce que c'est que la Cigale, et pour sûr, il vous répondra : « La Ci-
« gale ! une éventée ! une folle qui dépense sa vie en
« roulades et les forces de son cœur en passagères
« amours ! La Fourmi, au contraire, voilà ce qui est
« beau ! voilà ce qui est bon ! » Et il s'étendra ensuite très longuement dans l'analyse de vos vertus publiques et privées.

— Bast ! qu'est-ce que l'opinion du tiers et du quart?

— Ah! ce n'est pas, vous l'avez sans doute deviné, parce qu'on fera de vous un éloge exagéré ou même immérité, que je prendrai la peine de sortir des gonds. Non, j'aime la joie par système et je ne me fais un peu de bile que le plus rarement possible. Mais ce qui me met hors de moi, madame, c'est de voir que votre calomnie ait pris racine en Europe et qu'elle y ait fructifié. Tout là-bas, par de là ces gros bouquets d'yeuses et de platanes, il y a un superbe château qui appartient au baron de Rothschild. J'y suis entrée, un soir que les fenêtres étaient ouvertes, et, dans une chambre, splendidement meublée de tapis de Perse, j'ai aperçu sur un divan un grand volume, doré sur tranche, encombré de gravures, et parmi ces gravures, mon portrait dérisoirement crayonné par un certain J.-J. Grandville. En voilà encore un qui a été induit en erreur par votre mauvais petit chiffon de langue ! De ce que vous vous êtes plainte à propos d'une misérable poignée de seigle, empruntée en novembre, il m'a dessinée sous l'aspect d'une pauvre diablesse, amaigrie par l'abus des frasques et les affres de la faim. Ai-je donc si mauvaise façon ? Qui est-ce qui chante mieux que moi le long des herbes ou des blondes moissons ? Je me balançais, il y a un instant, dans le calice d'une nielle, et les demoiselles au corsage d'azur et aux riches ailes d'émeraude étaient jalouses. Je me promenais parmi les bluets, et les petits scarabées, fiers de leurs gilets d'or et de leurs breloques, me lorgnaient avec une galanterie provoquante.

— Rien de plus concevable, chère belle.

— Ainsi donc je ne suis pas si déchirée que vous vous êtes plue à le dire et que ce J.-J. Grandville, trop crédule, l'a fait voir.

Ici la discoureuse ayant eu besoin de reprendre haleine, la Fourmi profita de ce temps de repos pour changer de contenance, et aussi pour murmurer un mot, sans doute un peu vif, mais que je n'entendis pas.

— Qu'est-ce que vous grommelez-là, madame la Fourmi ? Dieu me pardonne, vous m'appelez grisette, lorette, cocotte ou cocodette, car je ne vous ai pas bien entendue ? Recommencez donc et clairement, afin qu'on ne se méprenne pas sur le sens de vos paroles. Lorette, non ; cocotte, non ; cocodette, c'est possible. Je partage ce travers avec une ex-ambassadrice, Mais, entendons-nous, cocodette veut dire femme aimable, et c'est ce qui fait le désespoir des mamans de votre trempe. Ah ! je le sais, vous faites, vous, ma chère, tous vos coups à la sourdine. Les actions, les paroles, les gestes, rien de patent, rien de net, rien de courageux. Sait-on ce que vous êtes, vous, madame ? Ce n'est pas aisé : le diable y perdrait son temps, à vouloir débrouiller l'écheveau de votre vie. En personne prudente, vous ne marchez jamais qu'à l'ombre. En dame discrète, vous ne faites jamais de bruit, excepté toutefois, *primo*, pour dire que vous êtes cossue ; *secundo*, que vous aimez à rendre service. Je suis babillarde, moi ; je jette ma chanson à tous les vents, je fais beaucoup de tapage dans l'ordre de la création ; mais ce n'est pas à moi ni à tout autre que vous confierez le soin délicat de faire votre éloge et de célébrer vos louanges. Sous ce rapport, vous ne vous trouvez bien servie que par vous-même, cœur modeste que vous êtes. Mais ne dérivons pas. J'en étais tout-à-l'heure, je crois, au chapitre des mœurs, et je disais qu'il faut être bien fin pour voir si, de temps en temps, par hasard, vous ne vous laissez pas conter fleurette.

Ici la mousse s'agite, la Fourmi se fâche tout rouge. Je distingue parfaitement cette épithète :

— Insolente !

— Insolente, moi, la Cigale, une cocodette, une évaporée, une cantatrice des buissons, non, madame ! En vous parlant de ruses de femme honnête, je n'ai pas dit que cela soit ; j'ai dit que cela pourrait être. Tenez, connaissez-vous la fable d'un dieu qui se change en pluie d'or pour pénétrer dans la tour où est captive une jolie princesse aux lèvres rouges, comme la fleur de la grenade? Ce mythe est l'histoire de beaucoup de petites bourgeoises telles que vous. Pour un freluquet, pour un mirliflor, pour un marjolet, pour une belle jambe, pour de beaux yeux, les personnes bien avisées comme vous ne se laisseront jamais aller à donner ce qu'on appelle un coup de canif dans le contrat, mais une montre en or, montée sur rubis, et sa chaîne, mais un châle du Thibet, mais un carrosse et ses deux chevaux couleur café au lait...

— Madame la Cigale !

— Laissons cela. Je veux qu'on ait mis à vos pieds beaucoup de carrosses et que vous ayez été assez héroïque pour refuser. Il n'en est pas moins certain qu'il y a chez vous certaines fibres (celle de la possession du bien temporel, entr'autres), fibres qui remuent sans cesse. Mon Dieu! l'abondance, la sécurité du lendemain, la richesse, voilà votre dada des jours et des nuits ; c'est la pensée invincible qui s'attache opiniâtrement aux plis de votre cervelle et qui ne vous quitte jamais. En buvant, en mangeant, en marchant, en jouant, en dormant, toujours, toujours, toujours, vous vous dites *in petto* : « Ayons une poire pour la soif! Faisons ma fortune ! »

— N'est-ce donc pas le cri du siècle, cela?

— Soit, mais les autres le poussent, une fois par jour, ce cri; vous, vous le poussez vingt fois : faire sa fortune. Peu vous importe le reste. On parle grandement de la charité sociale au jour d'aujourd'hui; c'est une mode. Vous, personne modeste, laborieuse et rangée, vous vous moquez de l'amour du prochain. Quelques socialistes ont ressuscité le mot admirable de saint Bernard, l'abbé de Cluny : « Celui qui donnera » sur la terre un arpent du sol au pauvre aura sept » arpents dans le ciel. » Seigneur ! les arpents du ciel vous importent peu. Vous cueillez, vous moissonnez, vous engraissez, vous entassez ! Vous n'êtes que terrestre, vous !

Cette tirade l'avait essoufflée ; elle se reposa trois seconde, et reprit :

— Si un pauvre grillon, mourant de fatigue et d'inanition, vient à choir sur votre seuil, vous ouvrez à peine la porte pour lui dire : « Passez votre chemin. Les honnêtes gens ne donnent pas aux « paresseux ». Et le grillon meurt, et, s'il y a lieu, vous dépécez ses ailes et ses pattes pour en faire un plumeau. Vous profitez de tout : vous ne contribuez réellement à rien de coûteux ; c'est vous, madame, qui avez suggéré, il y a cinquante ans, à maître Dupin, aîné, la belle maxime : *Chacun pour soi, chacun chez soi ;* c'est vous qui avez inspiré au petit M. Guizot cet autre aphorisme des amoureux d'eux-mêmes : — *Enrichissez-vous !*

— Mais, se hasarda à répliquer la Fourmi, je suis vigilante ; j'aime le mouvement, le travail et l'ordre. Je range, je nettoie, je mets de côté, j'économise. Que deviendrait, sans moi, le capital social ? Il se perdrait. L'orage en emporterait une partie ; la gelée ferait disparaître l'autre. Non, il ne resterait pas un grain de mil. Je sauvegarde tout. Sans cette précaution, ma chère, il n'y aurait rien de rien pour les vieillards,

pour les petits, pour les infirmes, ni pour les fous.
— Ni pour les fous ! Merci, madame, je vous attendais là, poursuivit l'intarissable logicienne de l'art. L'économie est une belle chose. Je consens à être de cet avis, quoique Alphonse Karr ait écrit une grande vérité : *L'économie est la mère de tous les vices.* Dame, il ne faut pas en abuser. De l'économie certaines femmes font une pierre qu'elles jettent constamment à la tête du pauvre monde. Sous prétexte qu'elles sont économes, elles se croient dispensées de tout et dignes de tout. — « Je suis économe ! » cela me donne le droit de parler, toujours de francs et de centimes, chose horrible chez une jeune femme. « — Je suis économe ! » cela me permet de ne pas faire ma toilette à l'heure du déjeuner. « — Je suis économe : j'empêche la chandelle de brûler par les deux bouts. » Oui, mais si tout le monde avait cette vertu-là, tout le monde ne tarderait pas à crever d'ennui. Tenez, vos pareilles n'ont jamais su comprendre cela et leurs maris s'échappent par des escaliers dérobés pour aller demander à la Cigale, votre voisine, et à la Sauterelle, sa cousine, un peu de joie, un peu de belle humeur et un peu de joyeuses chansons. Mais assez là-dessus. Vous m'avez poursuivie de vos médisances ; moi, je vous dis des vérités. Allez, ménagère ; torchez vos petits et raccommodez les chaussettes de monsieur votre maître. Pour moi, je retourne à mes cantilènes. Adieu, madame. Au plaisir de ne pas vous revoir.

Toutes deux disparurent. — Au fond, je trouvais la Cigale injuste, outrée, impatiente, immorale même, surtout dans la dernière partie de sa harangue ; — mais il me semblait que la Fourmi méritait bien aussi quelque blâme. — Cependant, je ne me sentis pas la force de conclure. Je coupai avec mon couteau une branche de coudrier et je m'en allai, à mon tour, en la faisant siffler comme une cravache.

Toute réflexion faite, malgré son joli babil, c'est toujours la Cigale qui a tort.

VIII

FRANÇOIS DELSARTE

— Mon cher, nous l'appelions le grand Delsarte.

Le fait est que tous les apprentis ténors, de 1840 à 1860, se découvraient avec les signes du plus profond respect, toutes les fois qu'on venait à prononcer ce nom-là devant eux. Il semblait que ce fût le maître des maîtres.

Entre nous, voilà pourtant une bizarrerie d'un genre à part. Un homme qui a laissé après lui la renommée d'un grand artiste et dont le public n'a connu ni les œuvres, ni les faits et gestes et que les cent mille affiches collées sur nos murailles n'ont pas même signalé à l'attention du passant. Comment et pourquoi donc cette étrange glorification d'un contemporain? En l'honneur de quel saint, François Delsarte a-t-il été surnommé le grand Delsarte? On conviendra qu'il y a sur les obélisques de la Haute-Égypte des hiéroglyphes qui seraient plus faciles à déchiffrer que cette énigme du Paris moderne.

Attendez un peu et nous allons tâcher de vous faire

comprendre ce mystérieux état de choses. Mon Dieu, un in-folio entier sur cette vie et sur cet esprit merveilleux suffirait à peine à raconter ce pauvre grand homme. Mais cet inconnu illustre a toujours été le jouet de la fatalité, on dit aujourd'hui de la *guigne*. Aucune plume de biographe n'ira désormais chercher au fond de la tombe cette physionomie si rare pour la faire revivre seulement une heure !

Par bonheur, une de ses élèves a bien voulu nous faire, touchant ce type de professeur, quelques révélations, que nous reproduirons à peu près telles quelles dans le cours de ces pages.

C'est cette dame qui parle :

— Delsarte fut élève de Choron pour le chant, en même temps que Duprez, je crois. Je n'ai jamais entendu dire sérieusement, comme on l'a prétendu, que Duprez ait suivi son enseignement; mais mademoiselle Miolhan, Alizar, Darcier et mademoiselle Darcier, madame Barbot et enfin madame Pasca furent les plus illustres élèves de Delsarte. Ceux-là s'avouaient les disciples du maître fantaisiste, et par cela même à l'index de l'école routinière. La fantaisie de sa méthode consistait en une règle absolue des lois de l'art, et ceci semblait puéril à notre époque, où tous les arts vont à hue et à dia. Pourtant il était à lui-même un si admirable spécimen de son enseignement, il était arrivé à de tels raffinements dans ses recherches artistiques, que tout ou presque tout ce qui a touché au théâtre est venu en secret écouter ses révélations exquises et effrayantes à la fois, car sa science était un puits sans fond.

Comment était-il arrivé à créer cette méthode unique dont il a emporté malheureusement le secret avec lui ? Il le racontait très spirituellement à ses élèves, et plus tard dans des conférences artistiques. Il avait travaillé avec Choron, et au Conservatoire, comme pensionnaire, il suivait tous les cours de déclamation. Il se destinait au théâtre. « Plus je travaillais, disait-il, plus j'avais de professeurs, et plus aussi je me sentais un âne. Chacun de mes maîtres avait sa tradition, sa façon de comprendre ce qu'il apprenait aux malheureux écoliers qui venaient chercher la vérité, et s'en retournaient ahuris de la trouver accommodée de tant de manières différentes. » Et Delsarte imitait, avec un accent très amusant, ces traditions variées dans quatre vers célèbres et classiques qui sont l'A B C de l'art déclamatoire.

> A peine nous sortions des portes de Trézènes,
> Il était sur son char, ses gardes affligés
> Imitaient son silence autour de lui rangés.
> Taratata, tata, tata.

Ces quatre vers, il les récitait donc de cinq ou six manières différentes, et très sérieusement, et, néanmoins, à l'audition, on ne pouvait s'empêcher de rire. Ce qu'il en faisait, c'était un moyen de critique, c'était pour faire voir que ce que les maîtres enseignaient n'était pas encore l'art véritable.

Les comédiens en herbe ne voient généralement que le but qu'ils poursuivent. Ils mettent plus de zèle que de raisonnement dans leurs études qu'ils livrent machinalement au professeur. Mais Delsarte était un rêveur. Après avoir perdu assez de temps à réfléchir avec stupeur sur le problème que lui donnaient à débrouiller ses professeurs, il sentit que, pour arriver à être véritable artiste, il lui fallait une loi absolue. Il la chercha et la trouva, mais dix ans de sa jeunesse s'étaient usés dans ce travail gigantesque selon lui et ses disciples, ridicule et puéril suivant ses détracteurs. Il renonça à se produire, sauf dans de rares apparitions en public, où il obtenait, dans la grande mélopée de Glück, des succès foudroyants.

— Permettez! On prétend autour de moi qu'il n'avait que peu de moyens. C'était à peine, dit-on, s'il se faisait entendre.

— On exagère. Il ne braillait pas. Il aurait eu honte de se mettre à tonner, suivant la mode d'alors. Mais sa voix, son accent, son attitude, son geste, avaient une telle perfection, et tant de vérité, que je n'ai jamais vu d'artiste, avec des moyens naturels aussi bornés, transporter comme il le faisait un auditoire plutôt hostile tout d'abord. Finalement ce public enivré trépignait d'enthousiasme; lui restait froid. La véhémence de son talent ne devait rien à l'inspiration. Tous ses effets étaient calculés comme les combinaisons d'un échiquier.

— Dès lors, il agissait en mathématicien; il faisait de l'algèbre?

— Oui, à peu près. Diderot conseille constamment le sang-froid dans le *Paradoxe du Comédien;* lui le pratiquait. Beaucoup de grands artistes possèdent, dit-on, ce don d'émouvoir en restant maîtres d'eux-mêmes. Mais ce qui faisait la supériorité de Delsarte, c'étaient les ressources inépuisables de son formulaire artistique.

En cherchant sa voie dans les lois de l'art antique, il subtilisa le système trinitaire de Platon et l'adapta à toutes les formes de l'art, à toutes ses expressions. Il avait ainsi créé une sorte de tableau où les mouvements passionnels de la vie animale, ceux de l'esprit et ceux de l'âme, étaient étiquetés, pour ainsi dire, avec une foi sincère qui faisait d'abord sourire. Ses types primitifs ne dépassaient pas le nombre neuf, mais comme les différents muscles du visage, du geste et de l'attitude, de la diction, etc., étaient subordonnés à cette esthétique rigoureuse, les mille combinaisons qui résultaient de la variété de ces adaptations différentes donnaient à son système une richesse extraordinaire de procédés. Voilà le secret de Delsarte et voilà, hélas ! pourquoi sa méthode est muette aujourd'hui. On comprend que les élèves et les continuateurs d'un pareil enseignement ne pouvaient être les premiers venus. Quelques-uns se passionnaient à cette étude, mais le plus grand nombre trouvait le chemin bien long, bien philosophique, pour arriver à l'ornière battue, je veux dire le théâtre.

A Paris, on trouve moyen de rire de tout. Une certaine année, on s'est fort amusé d'une leçon de François Delsarte. « Ah ! voilà un chien ! » Selon lui, il y avait neuf expressions typiques pour bien accentuer cette exclamation. De ce nombre neuf dérivaient des variations à l'infini.

Il disait : — Je vais, tous les dimanches, entendre la « grand' messe à Saint-Roch, et je vous assure que » c'est encore plus beau qu'un opéra de Meyerbeer ou » d'Halévy. » Mais il ne s'arrêtait pas à ces manifestations religieuses et allait cent fois au-delà, ce qui, pour le coup, le faisait classer parmi les toqués les mieux réussis. — Il disait encore : « — Dieu m'a ordonné de « révolutionner l'art du chant. » — Et l'on riait dans les alentours. Qui donc eût pu garder son sérieux ? Et, en effet, comment accepter les affirmations scientifiques d'un homme qui assurait, avec non moins d'autorité, que saint Pierre occupait telle place dans la hiérarchie céleste, et n'en pouvait occuper une autre ? Qu'il voyait du reste les sphères célestes, toujours grâce à son idée fixe, comme d'autres voient le bout de leur nez ? Toute contradiction sur cette thèse le rendait furieux. Là était le Père éternel, ici, la Vierge, là, les Dominations, plus loin les Archanges, et il avait fait de tout cela un tableau, ou plutôt beaucoup de tableaux coloriés qui décoraient son cabinet et qu'on considérait avec un ahurissement profond. On ne savait ce qu'il fallait le plus plaindre, ou le fin et spirituel grand artiste et sa faiblesse mystique, ou tous ces pauvres êtres célestes, parqués chacun dans leur niche comme des hérons sur leurs pattes.

Mais, cette manie à part, Delsarte était véritablement le chercheur le plus subtil qui ait jamais été. Ses deux devises étaient celles-ci : « La science est la possession d'un critérium d'examen contre lequel aucun fait ne proteste. »

Chez lui comme chez les véritables fanatiques de l'art, l'étude de son sujet l'emportait sur tout. — Un drame terrible et étrange à ce propos. — Un ami à lui voit tomber son enfant d'une fenêtre. Il pousse un cri affreux; Delsarte, auprès de lui, note ce cri et le répète tout frémissant. Mais aussitôt il est honteux de cet instinct plus fort que lui, et l'ami reparaît et vole au secours du malheureux père. « — Ah ! mon pauvre ami, quel malheur ! Mais j'espère qu'il ne s'est pas tué ! Vite un pharmacien ! un médecin !... » Tel était l'homme. Un grand artiste, mais un grand cœur.

Un esprit de cette trempe ne pouvait être simpliste.

Il dessinait et sculptait comme il chantait ; comme pour le geste, il savait, avec le pinceau ou le ciseau, quelle forme donner à telle passion, à telle attitude humaine. Ses cours étaient suivis par des peintres, des artistes de tous genres. Sa fille aînée, sans l'aide d'une leçon étrangère, devint sous sa direction un sculpteur très distingué.

Pour ceux qui le connaissaient bien, qui savaient ce que ce cerveau avait remué d'idées spiritualistes, théologiques, philosophiques et mystiques, qui l'avaient suivi dans ses études artistiques si fécondes, dans ses recherches sur la mécanique, où il a trouvé de véritables inventions, qui appréciaient enfin ce causeur spirituel et aimable, Delsarte était une sorte de dieu.

Ce n'était pas de l'admiration qu'il excitait dans son cénacle, mais du fanatisme. Parmi les artistes, notamment parmi ceux qui touchent au théâtre, l'usage est de clabauder sans cesse contre les journaux sans lesquels ces messieurs et ces dames ne seraient rien. Au reste, nous savons combien de courbettes les uns et les autres font du matin au soir devant le premier venu qui tient une plume. Quant à François Delsarte il ne voulait pas permettre qu'en sa présence on parlât mal des journalistes.

— Les hommes du journal ? s'écriait-il. Ah ! je les plains autant que je les admire. Car voilà une chose véritablement barbare et bien faite pour inspirer un volume utile à l'auteur de *la Case de l'Oncle Tom* : nous avons à Paris cinq cents esclaves qui sont tenus d'avoir de l'esprit, tous les jours, à la même heure. Quand il n'en ont pas, il est vrai, le journal paraît tout de même, et la terre continue de tourner. Mais je dis que ce n'est pas naturel d'avoir de l'esprit quotidien. Je dis que cinq cents pauvres noirs à la fois travaillent pendant que les hommes libres font leurs affaires ou se promènent en fumant leurs cigares.

Malheureusement ce chercheur infatigable semblait se concentrer en lui-même. L'énergie l'abandonnait dès qu'il lui fallait développer ses idées et répandre sa doctrine.

Il veillait sans cesse ; sa santé en souffrait, et il eût fallu auprès de lui un autre lui-même pour coordonner, écrire ses leçons et multiplier ses cours oraux.

On a essayé, dans les dernières années de sa vie, de lui donner l'idée de faire des conférences. Delsarte s'y résigna, mais sa méthode n'était pas de celles qu'on fait connaître dans une ou deux soirées, au milieu des chuchotements et des œillades d'un public distrait. Fatigué, vieilli, sans illusion sur sa tentative, il sentait bien qu'il ne serait pas compris, et se rejeta sur des historiettes sans rapport avec ses études spéculatives.

Il échoua, cela va sans dire, et beaucoup dirent : Quoi ! c'est là Delsarte ?

— Voyez-vous ça ! s'écriaient les blagueurs, le grand Delsarte est arrivé à faire dire à une petite fille de 675 manières différentes la phrase : *Qu'il est joli, ce chien ?*

François Delsarte, toujours sérieux dans le culte de son art, laissait faire les diseurs de bons mots, et il ne sortait jamais de son système. Il rencontrait d'ailleurs, sur son chemin, de consolantes compensations. Quand, à l'automne de sa vie, madame Sontag remonta sur la scène, — histoire de reconstruire une fortune perdue, — elle lui demanda de ciseler ce style vocal qui, chez elle, était déjà une merveille; mademoiselle Rachel le suppliait de lui donner des conseils, car elle savait que ce spectateur d'élite avait un peu critiqué là où tous les autres entraient en extase. Mais Hermione réclamait là-dessus le secret absolu et François Delsarte répondit qu'il ne consentirait pas à cette clause. « Vous êtes ad-
» mirable, mademoiselle, lui écrivait-il, mais ce que
» je fais de vous serait incomparable dans le passé et
» dans l'avenir, et je veux, au moins, en avoir l'hon-
» neur. »

Un moment, il a passé pour fou. N'est-ce pas ce qui arrive toujours à ceux dont la portée intellectuelle dépasse le niveau des masses ? Il ne s'était pas borné à enfermer l'étude lyrique et dramatique dans son cadre méthodique. Tous les arts, toutes les sciences y avaient passé. La théologie y occupait la première place, et cela se comprend ; la trinité était là toute faite et n'avait qu'à s'y caser. J'ajouterai que Delsarte était profondément chrétien, mystique, illuminé même, surtout dans les dernières années de sa vie. C'est par ce côté un peu trop abstrait et absolu qu'il offrait une prise facile aux railleries des incrédules, que son système trouvait froids.

Il était pauvre, très pauvre. Pardieu, cette remarque serait superflue. Est-ce que vous n'avez pas deviné le fait ? Un homme qui fait de la théologie, de la musique, de la peinture, de la mécanique, et tout cela à la fois ! Un fou, vous dis-je, un triple fou ! Pauvre Delsarte ! A quoi n'a-t-il pas songé ? La seule recherche qu'il ait oubliée, c'est de faire fortune. Le siège de Paris tua ce cœur et ce vaillant artiste. Aux regrets qu'il laissa parmi ses fidèles, s'ajouta l'amertume de l'avoir trop oublié à cette époque néfaste où chacun fuyait, ne songeant qu'à sa famille et au pays meurtri. Trop grand artiste pour battre monnaie en aucun temps de sa vie, Delsarte s'est éteint dans un inénarrable dénûment, en ne laissant pas, bien entendu, de quoi se faire enterrer.

IX

PENDANT LE CARÊME

SYNOPHONIE EN LA.

§ Ier. — EN GUISE DE PRÉFACE.

Est-on amoureux en carême? — Ce serait un cas des plus curieux à soumettre à quelque grand esprit habitué à fouiller dans les cœurs. — Le R. P. Félix prétend qu'après la satiété des bals on a besoin de repos; — Le R. P. Bauër prouve qu'après cent fredaines, un vrai Parisien n'a plus de tendresse que pour ce qu'aiment les anges. — Il y a d'autres autorités le docteur Cabarus, par exemple. A l'entendre, le carnaval fini, on est éreinté physiquement et moralement. Ce qu'il y a de sage dès lors, c'est de se mettre au régime du lait d'ânesse et à la lecture de quelque livre gris, *Volupté*, de M. Sainte-Beuve, entre autres, ou les romans de M. Octave Feuillet.

Il en est qui en meurent : n'importe, c'est la formule indiquée.

§ II. — LE SPLEEN DE PARIS.

Dès le lendemain du mercredi des Cendres, on ne retrouve plus son Paris d'autrefois.

1° On se lève et l'on bâille.

2° On s'habille et l'on dit : « Comment tuerai-je le temps? »

3e On ouvre sa fenêtre pour voir ce qui se passe ou ce qui ne se passe pas dans la rue, et l'on n'aperçoit que M. Ernest Legouvé qui va faire une Conférence en prose avec la limaille de ses vieux vers.

4° On veut faire un peu de musique, — lire son journal, — répondre à une lettre, — former le projet sérieux de s'amuser à dater de demain matin, — et l'on apprend que mademoiselle Thérésa, dégoûtée des romances de ce monde, a le projet d'entrer, non en religion, mais au Théâtre-Français, pour y jouer Molière.

5° De fureur, on se met à table pour déjeuner et l'on ne s'y grise que de colère.

6° On fait sa toilette pour sortir, — on ira sur les boulevards, au Palais-Bourbon, à la salle d'armes, au café, au bois, chez son notaire, chez son oncle, chez un créancier, dans les endroits les plus improbables, et l'on découvre enfin qu'on n'a ni une idée, ni un sentiment, ni un caprice, ni rien de rien dans la tête et dans le cœur.

Allons, le pli est pris. Une maladie horrible a fait invasion au fond de vous-même : l'ennui sombre des oisifs, le spleen de Paris, l'hébétement des repus. On a trop dansé, trop lorgné, trop aimé, trop mangé, trop divagué, trop mis de nez en carton sur son visage. Hélas! on n'a plus à présent sur la figure que le masque d'un blasé!

Moitié rêvant, moitié dormant, on se rappelle une sentence de Jean-Paul Richter : « Eteignez la flamme « qui brûle dans le cœur de l'homme, et l'homme « n'existe plus : il n'y a qu'une bête en sa place. » — On poursuit, en se demandant :

— « Est-ce donc, sang-bleu ! que je serais décidément changé en bête? »

Et, le soir venu, en s'endormant, après avoir soufflé la bougie et rejeté le roman nouveau, surtout s'il est de M. de Goncourt, on ajoute :

— « Ce grand et divin Jean-Paul Richter a toujours raison. J'ai besoin de ranimer ma flamme. Dès demain, coûte que coûte, malgré les sermons du Carême, je ferai la cour à Clara. »

§ III. — UN BOUQUET.

Il y a toujours une heure charmante: c'est celle où l'on s'apprête à aimer, — même pour rire.

Ce jour-là, en s'éveillant, on a l'esprit rose; — on trouve le soleil d'hiver plus doré; — on saute à bas du lit en fredonnant quelque vieil air romantique d'Hippolyte Monpou; — on dit du domestique qui vous sert:

— « Ce garçon est moins bête que je ne l'avais cru ; je lui donnerai, ce soir même, un message. »

On s'habille, on se rase, on rêve, on murmure :

— « Que fait-*elle* en ce moment ? »

Mon Dieu ! oui, si blasé qu'il soit, il faut qu'un homme s'occupe toujours d'une femme.

Dès qu'on a pris sa robe de chambre, on se jette sur un fauteuil, devant un petit bureau de palissandre, en s'écriant :

— « Il faut que je *lui* écrive, — ne fût-ce que cinq lignes ! »

Cinq lignes, chose difficile à bien faire ! — On les fait, on les refait, on les recommence et on les déchire dix fois.

— « Non, ne lui écrivons pas, — la chose la surprendrait peut-être sans lui plaire. — Il vaut beaucoup mieux lui envoyer un bouquet. — Ah ! un bouquet ! — une délicatesse ou une impertinence ? — Il est sans exemple qu'un bouquet bien fait ait jamais été mal reçu. Les Orientaux n'ont pas été si naïfs en imaginant le *selam* ou langage des fleurs. »

On sonne.

— Joseph ! Joseph !

— Que veut monsieur ?

— Tenez, voilà trois louis ; allez chercher, chez la marchande de fleurs, le plus beau paquet de violettes que vous pourrez trouver ; — voici une carte de visite que vous mettrez près de l'enveloppe, dans un endroit visible, et vous porterez le tout chez madame Clara Dobliou, rue de Penthièvre. »

Trois jours s'écoulent au milieu d'exercices du

même genre. — On ne bâille déjà plus, on sourit ; — on ne fredonne plus, on chante ; — on ne se demande plus comment on tuera le temps, on suit, comme malgré soi, en sortant, un sentier qui est toujours le même.

§ IV. — LE TÊTE-A-TÊTE

Cette Clara est brillante comme son nom, douce comme un rayon de miel, prévenante, enjouée, tout ce qu'il vous plaira, mais elle n'aime que peu à la fois, à son insu, parce que nous sommes en Carême. — En dépit de tout, il y a des échos de sermons dans ses discours. — Les petits soupers ont un dessert d'ermite, des noix, des raisins secs. — Est-ce que le boudoir ne ressemble pas un peu à une cellule ? — Chose grave : il y a des jours maigres où la porte est close. — Et puis, en parlant, on a un petit ton pointu.

— « Monsieur, ces jours-là, il faut ne nous aimer que séraphiquement, n'est-ce pas ! »

Par bonheur, six semaines sont bientôt passées. — On se dit : « Prenons patience. »

§ V. — QUAND ÇA VA FINIR.

Vers le trente-cinquième jour environ de la quadragésime, on découvre un secret terrible : c'est que ce n'était qu'un expédient, un feu de paille, et qu'on ne s'aime plus. — Ça a passé sans avoir été.

Clara. — Je vous dis, monsieur, que vous n'êtes déjà plus le même.

Vous. — Encore une scène. Eh bien, je vous dis, moi, que je suis las de vos reproches. Impossible de venir chez vous sans y trouver quelque sujet d'ennui.

Clara. — Vous y venez si peu, monsieur, qu'au moins vous n'en avez pas souvent.

Vous. — Eh! pardieu, madame, on a ses affaires.

Clara. — Quand vous commenciez à me poursuivre vous n'en aviez pas d'autre que votre amour.

Vous. — Mais, madame, cela ne peut pas toujours durer.

Clara. — Vous m'aviez tant dit que cela ne finirait jamais!

Vous. — Dans ce temps-là, madame, je le croyais!

Clara. — Ils sont tous les mêmes, tous sans mémoire, sans délicatesse et sans cœur!

Vous, *reprenant votre chapeau*. — Oh! madame, point d'injures! Vous pouvez mettre un écriteau à votre porte. Prendra qui voudra le bail de votre cœur.

Clara pleure à chaudes larmes, — vous sortez.

§ VI. — QUAND C'EST FINI.

Au bout de trois jours, en avril.

Un soir, en vous couchant, vous reprenez un volume du *Titan*, de Jean-Paul Richter, et, tout en cherchant le sinet, vous dites :

— « Comment! ce n'était que cela! Des bouquets de violettes, dix ou douze billets de cinq lignes, vingt sou pers de cénobite et quatre scènes; mais, après tout, ça fait passer le Carême. »

§ VII. — APRÈS PAQUES.

Après Pâques, — on aime autrement, — en réalité, — comme les oiseaux ; — c'est Gavarni qui a eu le mérite de le dire le premier.

X

VICTORINE! VICTORINE!

Ça, c'est une farce de chemin de fer. Mon Dieu, oui, mais c'est aussi un plagiat, et, notez le fait, un plagiat commis par cinq cents personnes, ce qui rend la chose assez drôle.

Qui de nous ne se rappelle Lambert?

— *Monsieur, avez-vous vu Lambert?*

Pendant toute une soirée, c'était à la fin d'un 15 août, s'il vous plaît; d'un bout à l'autre de Paris, on n'entendait que ces mots bizarres, au milieu d'étranges éclats de rire :

— *Avez-vous vu Lambert?*

Qu'est-ce que ça voulait dire? Personne ne l'a jamais su.

Aujourd'hui même on rencontre des scoliastes qui s'imaginent savoir le sens et le secret de l'apostrophe. Entre nous, ces gens-là se vantent ou ils se mettent le doigt dans l'œil, ou encore ils blaguent à outrance. Ce qu'il y a de sûr, c'est que Sainte-Beuve, alors vivant, consulté, était confondu de stupeur et ne pouvait rien répondre :

— Lambert ? Qu'est-ce que c'est que ça, Lambert ? Eh bien, je n'y entends goutte. Tenez, je jette ma langue aux chiens.

Une autre fois, il répondait qu'il aurait mieux aimé avoir à expliquer un poëme hindou, tout plein d'éléphants, de dieux et de singes bleus.

— Lambert ! Lambert ! Lambert : voilà mon désespoir, ajoutait-il.

— Ce Lambert, à quoi ça rimait-il ? Etait-ce de la politique ? un roman d'amour ? un secret de finance ?

Encore une fois, cela est demeuré dans la mémoire des hommes à l'état d'énigme.

— *Lambert ! Avez-vous vu Lambert, dites ?*

Cela datait de 1867, la chose a recommencé en 1884, ou à peu près.

En effet, voilà que les Parisiens de la décadence viennent de renouveler, mais en petit, cette étrange plaisanterie, cette fumisterie de chemin de fer.

C'était à la fin d'avril, à propos de la pièce de *Bianca*, que mademoiselle Marie Colombier a voulu faire jouer sur le théâtre de Versailles.

Tout à coup, on a dit aux critiques de la presse parisienne :

— Mademoiselle Marie Colombier, l'ennemie de Sarah Bernhardt, fait jour *Bianca* à Versailles. Allons nous à Versailles ?

— Eh ! oui, allons-y gaiement. Ce sera une occasion de dîner aux Réservoirs.

— Nous dînerons ensemble,

Et voilà comment la chose s'est arrangée. Les uns par le chemin de fer, les autres en landaus ou en chaises de poste, tous ont débarqué à Versailles, tous ont dîné aux Réservoirs, tous se sont pressés et encaqués au théâtre de Versailles.

Ces publics, qui sont venus uniquement pour s'amuser et non pour voir la pièce, sont généralement des publics exécrables. Celui-là n'a pas fait exception. Il a écouté d'une attention distraite; et parfois même, de sourdes rumeurs, partant de l'orchestre et montant du balcon aux loges, témoignaient de ces dispositions folâtres.

Bianca rappelle un certain nombre de pièces que nous avons déjà vu jouer avec plus ou moins de succès sur plusieurs scènes : la *Fiammina*, le *Fils de Coralie*, *Odette*. Il s'agit toujours d'une courtisane très riche qui a eu de ses amours passagères un fils qu'elle a fait élever du mieux qu'elle a pu, et à qui elle prétend donner, grâce à sa fortune, une grande situation dans le monde.

Mais, dans ce que j'ai à vous dire de cette odyssée à Versailles, il ne s'agit pas de *Bianca*, mais de Victorine.

— Mais qu'est-ce que c'est donc que Victorine ?

Voilà ce qu'il s'agit de vous expliquer, mon cher.

Le soir de cette première représentation, les critiques sont rentrés à Paris dans un train express mis à leur disposition par delà l'heure réglementaire.

Deux jeunes gens qui n'étaient plus jeunes couraient au moment de s'embarquer, le long du train, criant : *Victorine ! Victorine !* Il paraît qu'ils avaient perdu une Victorine. Tout le train a mis la tête à la portière et a crié à plein gosier :

— *Victorine! Victorine!*

Et Victorine était sourde apparemment, à moins qu'elle ne se fût cachée dans sa commode, car elle a laissé tout le train s'égosiller de Versailles à Paris.

A Paris, en gare, nous avons vu, dans la grande salle des Pas-Perdus, deux jeunes femmes prendre leur course dans un tourbillon de jupes froissées, comme si elles couraient après quelqu'un :

— Voilà *Victorine!* s'est écriée une bonne âme !

Et six cents Parisiens se sont lancés à la course derrière les deux fuyardes, en criant :

— C'est *Victorine!* bravo *Victorine* !

Fort bien ; mais, encore une fois, qu'est-ce que c'est que ça, Victorine ?

Les Egyptologues de l'avenir, ceux qui ont pour métier de déchiffrer les hiéroglyphes, le diront peut-être dans trois ou quatre mille ans d'ici, mais, nous autres, les contemporains, nous n'en savons rien.

— Victorine, c'est l'éclair de la jovialité parisienne, et rien de plus.

Il y avait déjà *Victorine ou la Nuit porte conseil*, un vieux mélodrame de la Porte-Saint-Martin, qui, jadis, a fait courir tout Paris. Trois cents représentations de suite, chose rare sous le règne de Louis-Philippe. Les échos du boulevard vous raconteront cette histoire.

George Sand a fait jouer au Gymnase : *le Mariage de Victorine*, un autre grand succès.

Mais cette légende de Versailles à Paris, le soir de la représentation de la *Bianca* de mademoiselle Marie Colombier, qu'est-ce donc, en définitive ?

Un nom en l'air ou une réalité? Un roman? Un drame? Un comble? Une blague?

Nous, nous penchons pour cette dernière interprétation.

Victorine, ce doit être la fille de Lambert!

Parisiens, têtes de liège, tout change autour de vous; mais, vous autres, vous ne changez jamais. Vous êtes toujours les plus farceurs des hommes.

XI

PETITES COMÉDIES DE PARAVENT

LA BAGUE DE LAURAGUAIS

SCÈNE PREMIÈRE

(La scène se passe en 1780, à l'hôtel d'Aremberg, rue de Lille.)

LE DUC D'AREMBERG. — Eh bien, vous avez vu notre homme?

BEAUMARCHAIS. — Oui, mon cher duc.

LE DUC D'AREMBERG. — Combien de temps?

BEAUMARCHAIS. — Vingt minutes environ.

LE DUC D'AREMBERG. — En ce cas, vous avez eu le temps de lui parler de mon affaire?

BEAUMARCHAIS. — Oui et non.

LE DUC D'AREMBERG. — Vingt minutes, c'est quelque chose.

BEAUMARCHAIS. — Oui, pour un homme qui écoute

ce qu'on lui dit. Quant à Lauraguais, c'est le contraire. Plus je cherchais à lui expliquer la cause de mon message, plus il me faisait signe de la main d'avoir à me taire, afin de l'écouter lui-même.

LE DUC D'AREMBERG. — Voilà bien, en effet, le personnage, le roi des hurluberlus.

BEAUMARCHAIS. — Il cause, il jase, il pérore, il crie.

LE DUC D'AREMBERG. — Racontez-moi tout de même votre visite, mon cher Beaumarchais.

BEAUMARCHAIS. — Volontiers. *(Il s'essuie le front avec son foulard.)*

LE DUC D'AREMBERG. — Au fait, une telle démarche, c'est une corvée. Vous devez avoir besoin de vous refaire. Voulez-vous un verre de marasquin?

BEAUMARCHAIS. — Un verre de malvoisie me sourirait mieux, mon cher duc.

LE DUC D'AREMBERG, *sonnant*. — Joseph ! Joseph ! deux verres et du malvoisie.

SCÈNE II

(Paraît Joseph. Il salue, sert les deux verres sur le plateau et sort.)

BEAUMARCHAIS, *après avoir bu*. — Comme on comprend bien que Clarence Tudor, condamné à mort, ait voulu se noyer dans un tonneau de ce vin-là !

LE DUC D'AREMBERG. — Votre récit, mon chez messager, je vous prie. Voyons, parlez.

BEAUMARCHAIS. — C'est juste. M'y voici donc. Quand je me suis présenté à son hôtel, le duc était à demi couché sur un sofa, occupé à faire une partie de bilboquet.

LE DUC D'AREMBERG. — Son jeu favori.

BEAUMARCHAIS. — Aussitôt qu'il m'a vu entrer, il s'est levé, et, sans me donner le temps de lui faire connaître la nature de ma visite, il s'est écrié : — « Ah ! » monsieur, arrive qui plante ! Les dettes d'honneur, » comme les dettes honteuses, auront toutes le même » destin. »

LE DUC D'AREMBERG. — Comment avait-il deviné que vous veniez lui réclamer de l'argent ?

BEAUMARCHAIS. — Peut-être avait-il vu ça à mon air. Quoi qu'il en soit, après une seconde révérence, j'ai prononcé votre nom. — « Ah ! c'est pour d'Aremberg ! » s'est-il écrié. Pardieu ! il a été toujours fort obligeant » pour moi. Mais que voulez-vous ? il doit partager le » sort des autres créanciers. C'est dire qu'il n'aura » pour sa part qu'un dividende gros au plus comme la » tête d'une épingle. »

LE DUC D'AREMBERG. — Il a dit cela ?

BEAUMARCHAIS. — En propres termes. il a ajouté en souriant : — « Monsieur, vous avez sans doute entendu » parler de ma banqueroute ? Mon homme d'affaires » assure qu'elle s'élève à plus de cinq millions, et que, » lorsque tout l'écheveau des réclamations aura été » débrouillé, ce qui, à son avis, ne pourra pas avoir » lieu avant deux ans, mes créanciers pourront rece- » voir deux et demi pour cent sur le montant de leur » dû. »

LE DUC D'AREMBERG. — Oui, mais l'argent prêté !

BEAUMARCHAIS. — Mon cher duc, vous savez bien que

c'est celui qu'on rend le moins. M. de Lauraguais a ajouté : — « Qu'est-ce que je dois à d'Aremberg? Quarante mille livres, un rien? Cependant, j'y pense : j'aurais peut-être bien un moyen de m'acquitter intégralement envers lui. »

LE DUC D'AREMBERG. — Ah! ah! voyons un peu ce moyen-là!

BEAUMARCHAIS. — Dame, c'est assez bien trouvé, mon cher duc. Vous allez voir. — « D'Aremberg, a-t-il repris, possède de grands biens en Allemagne et en Flandre. On m'a dit que son grand veneur n'est pas en état de remplir ses fonctions. Si le duc consent à accepter mes services, je prendrai la place de son grand veneur, et je ne pense pas qu'il se trouve en Europe beaucoup d'hommes qui se connaissent aussi bien que moi en chevaux, en chiens et en tout ce qui se rapporte à la chasse. Huit mille livres seront mon traitement annuel, et nous serons quittes en cinq ans. Parlez-lui de ce projet : il ne peut être que flatté de ma proposition. » Vous pensez bien, cher duc, que je me suis mis à sourire.

LE DUC D'AREMBERG. — Pour moi, j'eusse ri tout à fait et très bruyamment.

BEAUMARCHAIS. — Il avait bien vu cette démonstration. — « Ah! ah! continua-t-il, est-ce que vous auriez des doutes sur mes talents, monsieur de Beaumarchais? Je puis vous assurer qu'il existe des milliers de personnes qui m'ont visité à Manicamp, et qui toutes témoignent de ma rare habileté dans les matières de cette nature. Grooms, jockeys, chevaux, enfin tout ce qui était en ma possession venait d'An-

» gleterre, et mon ami le comte Dorset n'eut jamais de
» chevaux plus beaux que les miens. Le dernier cheval
» dont je fis emplette me coûta mille guinées, et ja-
» mais cheval de race ne se vendit plus cher; mais
» j'eus la fantaisie de faire porter sur le reçu neuf cent
» quatre-vingt-dix-neuf guinées et vingt schellings,
» déterminé que j'étais à éviter le nombre rond de
» mille. »

LE DUC D'AREMBERG. — Vous le voyez, il est bizarre en tout.

BEAUMARCHAIS. — Attendez. En fait d'originalité, nous ne sommes pas au bout, mon cher duc. Tout à coup, Lauraguais fit un mouvement. — « Maintenant,
» dit-il, monsieur de Beaumarchais, le seul trésor qui
» me reste est ceci. » *(Et il montrait une bague d'une espèce à part qu'il portait au doigt.)* « Devinez, mon-
» sieur ? »

LE DUC D'AREMBERG. — Qu'avez-vous répondu ?

BEAUMARCHAIS. — Tout simplement ceci : — « Ce que
» c'est ? Ah ! dame, un souvenir de la demoiselle Sophie
» Arnould, de l'Opéra. » Alors, M. de Lauraguais a
» bondi comme un jaguar.

LE DUC D'AREMBERG. — Diable !

BEAUMARCHAIS. — « Non, s'est-il écrié, vous n'y êtes
» pas. Cette bague, c'est un trésor dont aucune puis-
» sance terrestre ne pourrait venir à bout de me sé-
» parer. C'est ce trésor qui me donne la force de sur-
» monter mes malheurs ; c'est ma seule consolation. Ce
» trésor, monsieur, c'est ma femme adorée. »

LE DUC D'AREMBERG. — Venant de lui, le mot est à encadrer.

BEAUMARCHAIS. — S'il faut vous le dire, mon cher duc, au moment où il me faisait cette exhibition, je crus qu'il devenait fou, et mon visage sans doute exprima l'émotion que j'éprouvais. Une bague, la duchesse, sa femme!

LE DUC D'AREMBERG. — Dame, tout autre que vous eût éprouvé la même stupeur.

BEAUMARCHAIS. — Eh bien, il ne se déferrait point, tout au contraire. — « Non, monsieur, reprit-il, je n'ai
» pas perdu la raison. Cette bague, ou plutôt une partie
» de cette bague fut une jolie et aimable femme. Pen-
» dant le temps qu'elle vécut, elle me rendit le plus
» heureux des hommes. J'ajoute que le jour où son
» âme s'envola dans le bleu du ciel, je ne voulus pas
» que tant de grâce et de beauté, que son corps devînt
» la proie des vers. »

LE DUC D'AREMBERG. — Que fit-il donc?

BEAUMARCHAIS. — Je le laisse encore me parler; ce sera vous répondre. Il poursuivit donc : — « Monsieur,
» j'eus recours à Vanderberg, le grand chimiste. Or, ce
» savant, ayant placé le corps de ma femme dans une
» feuille asbeste, substance minérale, filamenteuse et
» inaltérable au feu, le livra aux flammes, et, à l'aide
» d'une chaleur extraordinaire, le réduisit à une petite
» quantité de poudre. Ce fut ce minimum, monsieur de
» Beaumarchais, qui ensuite, au moyen d'une certaine
» composition chimique, fut changé en une matière
» bleue vitrifiée. »

LE DUC D'AREMBERG. — Croyez-vous que ce soit possible, ce qu'il vous a dit là?

BEAUMARCHAIS. — Tout est possible dans le siècle de Cagliostro et de Mesmer, mon cher duc.

LE DUC D'AREMBERG. — Ne vous a-t-il donc rien dit de plus?

BEAUMARCHAIS. — Comment donc! Il a approché la bague de ses lèvres, puis il s'est écrié : « — Oui, mon » adorable femme, la voilà montée dans un anneau » d'or; c'est la plus fine essence de cette moitié de » moi-même. Elle ne me quittera jamais, car mes » dispositions sont prises pour qu'elle me suive au » tombeau. »

LE DUC D'AREMBERG. — Mon cher Beaumarchais, si ce n'était pas si extravagant, ce serait sublime.

BEAUMARCHAIS. — Sous ce rapport, je suis encore de votre avis. En ce moment le valet de service annonça une nouvelle visite, Je pris mon chapeau et souhaitai le bonjour à Lauraguais.

LE DUC D'AREMBERG. — Une jolie femme dans une bague, quelle histoire!

BEAUMARCHAIS. — Monsieur le duc, nos petits-neveux en verront bien d'autres.

XII

POURQUOI VA-T-ON AUX EAUX?

Ne plaisantons pas. Il est certain qu'en général on va aux eaux pour ne pas prendre les eaux.

Michel Montaigne dit quelque part : « Presque tous » les hommes ont l'air de faire une chose et en font » une autre. » C'est le cas de M. Arsène Houssaye qui a le titre d'inspecteur général des musées de province et qui passe tout son temps à faire des romans à Paris. C'est l'histoire de M***, agent de change, qui se donne à sa clientèle comme cultivant la Bourse et qui ne cultive que les danseuses d'Opéra. C'est l'attitude du Théâtre-Français, qui est payé par budget pour nous faire frémir d'horreur avec le vieux répertoire, et qui nous fait rire aux larmes avec des tragédies nouvelles On n'en finirait plus si l'on voulait mettre debou tous les faits qui donnent raison au mot du vieil hu moriste périgourdin.

Entre autres manières d'antiphrase fort usitées en ce moment, il y a l'action d'aller aux eaux. — Passé le 25 juillet, le vrai Paris court à travers celles de nos provinces qui sont renommées pour leurs sources. — Un observateur qui ne saurait pas ce qu'il y a au fond de ce mouvement pourrait s'imaginer bien des choses folles. « Ah! dirait-il, comme ce beau monde d'à présent aime donc le soufre, le fer en fusion, la chaux, » l'arsenic et les alcalins! » — Berzélius lui-même, s'il renaissait, serait étonné de la quantité d'ingrédients chimiques que Paris fait passer par son œsophage.

Savant digne des siècles d'or! Paris serait le premier à en rire.

Pourquoi va-t-on aux eaux? — Sterne, qui était si profond analyste, saurait à peine le dire. Ce qu'il y a de certain, c'est qu'on n'y va pas pour les eaux. — Je ne m'arrête pas aux exceptions, vous le comprenez bien. — Dieu merci, les malades ne font qu'une imperceptible minorité. — Ainsi ce n'est pas pour boire. — Est-ce pour se nettoyer? — En Auvergne, aux Pyrénées, au pied des Vosges, en Allemagne, les sources ne donneraient pas assez de liquide pour la spécialité. Et, pour le coup, on serait bien venu à répéter tout haut la légende de Saint-Sauveur : « Où lave-t-on ceux qui se lavent ici? »

Il faut donc dire les choses telles qu'elles sont. Avant tout, c'est la mode, la très grande mode. Celui et celle qui demeurent à Paris pendant le solstice d'été sont déchus de tout éclat et destitués de tout avenir. Qui oserait les avouer? Cachez-vous plutôt dans un pigeonnier de Ville-d'Avray ou d'Antony, et dites que vous êtes allé à Kissingen ou plus loin encore. On aimera mieux le croire que d'y aller voir, et il suffira qu'on le croie.

Mais pour ceux et pour celles qui y vont pour tout de bon, très sérieusement, bon jeu, bon argent, comme les enfants vont au Guignol des Champs-Élysées, qu'y font-ils ?

Il en est de ce fait comme du succès si bien décrit par madame de Staël. En France, on fait tout ce qu'on voit faire à son voisin. On y va pour faire comme les autres ; ce serait déjà une raison suffisante et qui rendrait superflue une plus ample enquête. On y va pour n'être pas isolé, puisqu'il est convenu que Paris passe tout à coup à l'état de désert. On y va encore, parce qu'on est sûr d'y trouver son monde, et cette clef-là vous ouvre en une minute mille perspectives à la fois.

Tel bellâtre des salons s'y transporte. Que ferait-il sur l'asphalte? Il n'y a plus dans nos rues que des cocottes déplumées ou des femmes d'étudiants condamnés par les vacances à deux mois de veuvage forcé. A Cauterets, on retrouve les princesses de la finance; à Royat, on voit de vraies marquises; à Biarritz, on aura le Livre d'or des deux grands faubourgs; et tout cela est agréablement saupoudré d'une myriade de petites dames qui ont la flamme du diamant dans les yeux et le diable au corps.

A présent que les agences matrimoniales sont en baisse, la mère de famille qui veut produire sa fille commence par là à préparer son entrée en scène. C'est donc là que se nouent les toiles d'araignée de l'hymen. Il y a aussi les romans d'amour commencés, les rencontres fortuites concertées, les ordonnances de médecin par complaisance, les aventures prédites par les tireuses de cartes; bref, tout le mic-mac de la comédie humaine.

Quant à l'eau des sources, croyez-ça, et buvez d'excellent vin.

XIII

LE RETOUR

— « Enfin voici le moment du retour? » comme chante Éléazar dans *la Juive*.

Septembre touche à sa fin. Les hirondelles sont parties. Sur les bords du Rhône et du Rhin, les pampres s'empourprent d'un rouge sang de bœuf. On reprend les twines, en vue des rhumatismes. Il n'y a plus qu'un mot :

— « Rentrons à Paris. »

Ceux ou celles qui font mine de rester sont entraînés par l'exemple. D'ailleurs les mamans sont là pour dire :

— « Ah! voilà l'automne qui nous touche déjà de ses *ailes humides* (vieux style). N'avez-vous pas ressenti le premier frisson d'octobre? Voyez donc! Les petites dentelles des mantilles sont agitées par le vent comme des feuilles jaunies. Partons, rentrons. »

Sur toutes les lignes des chemins de fer, on ne ren

contre que caravanes de revenants. Six mois de villégiature ou d'hydropathie ont vermillonné les joues des jeunes femmes. On a fait provision de santé. On s'est engraissé. On dit en s'avançant :

— Voyons si le baron Haussmann a bien voulu laisser notre maison à sa place.

Voilà comment tout Paris revient à Paris. Et tout ce monde est fort heureux, après tout, de retrouver la ville du bruit, du gaz, de la fumée, du plaisir, de la poussière, de la gloire, de la mode, du scandale, du théâtre, du macadam, de l'élégance, de la tromperie et des petites brochures. Tout l'été, on a marché sur le sable de Cabourg, sur les sentiers de la Forêt-Noire, sur les escarpements du Mont-Dore. Comme il va être agréable de reposer le pied sur cet asphalte où l'on sait si bien causer ! — Qu'est-ce qu'il y a de neuf ? — Le dernier mariage ? — Le dernier procès en séparation de corps ? — La dernière faillite ? — Le dernier duel ? — Le dernier bon mot ? — La dernière fourberie de biche ? — La dernière caricature ? — Le dernier succès. — Le dernier coup de sifflet ? — Et puis, tout cela étant épuisé, on passe à la bourriche des nouvelles de demain.

Les bains de mer ont eu, cette année, un succès universel ; Bade n'a jamais compté tant de visiteurs ; Ems, Spa, Hombourg ont vu plus de têtes folles que dans aucun autre temps ; Dieppe a ouvert ses hôtels à la finance ; Vichy, à la vérité, a perdu, mais Plombières a gagné. On revient de partout, mais, pourquoi ne pas en convenir ? on ne se trouve réellement à l'aise que dans ce Paris, si détestable et si charmant, et où il passe en vingt minutes de temps plus de faits qu'il n'y en a dans les œuvres complètes d'Hérodote.

Il y a une remarque à faire : villégiature, voyages, promenades, séjour dans les villes d'eau, bals par-ci, concerts par-là, rencontres dans les tables d'hôtes ou sur la marge verte des vallées, tout cela n'est, au bout du compte, qu'une échappée dans la vie de Bohème. On reprend par ici ses véritables habitudes. On ne joue plus la comédie du sentiment avec le premier venu. On ne salue personne, on ne donne de cigares à personne, on ne mange en face de personne, on ne *voisine* avec personne. On reprend sa liberté tout entière. On est à Paris.

Un grand sujet d'étonnement chez les imbéciles c'est de voir, une fois le retour opéré, que ceux et celles qu'on avait rencontrés à cent cinquante lieues du boulevard ne vous connaissent plus. Pendant un mois et plus, on a vécu intimement, sans doute, mais c'était dans les gorges des Pyrénées, dans un pays d'ours. On allait à la source ensemble. On buvait presque dans le même verre. On était à tu et à toi. Ici, ni vu ni connu. On jette à peine un regard embrouillé à cette silhouette qu'on approchait tous les jours, et l'on se dit :

« Où diable ai-je donc vu cette *binette*-là ? » *Binette* est un mot très usité dans le beau monde d'à présent ; — quelquefois on dit *trombine*.

Quelques rencontres ont pourtant un contre-coup dans un certain monde. — Un jour, on était à cinq ou six à voir tomber une cascade, comme celle qu'on nomme, par exemple, le cirque de Gavarnie. — On ébranchait je ne sais plus quelle plante de la montagne. — On se parla d'abord des yeux et puis par gestes. — Et puis, en quelques minutes, à la dérobée, au détour du sentier, à demi-voix, on a échangé une promesse et une fleur. — Ah! les fleurs! quels complices des coups de canif dans les contrats! — Roses des haies, pervenches, violettes, œillets, gueules de loup, le grand artisan qui vous a fait est toujours pour quelque chose dans les aventures qu'on vous reproche! « Gardez ce réséda jusqu'au prochain bal de « l'ambassade ottomane. — Rapportez-moi ce volubilis « à la sauterie que le vieux général de N*** donne le « samedi d'après la Toussaint. »

Si les échos des Alpes et des Pyrénées se mettaient à être indiscrets, vous en entendriez de belles!

Ne parlons plus de ces petites histoires, bien plus réelles et moins mélancoliques que les comédies de paravent de M. Emile de Girardin. Voilà Paris revenu dans Paris. On va se préoccuper de toilette, de soirées, de musique, de sermons, d'élégance; on va se remettre à vivre. Pendant les six mois qu'on a été absent, on ressemblait à l'acteur qui prépare son entrée au fond des coulisses.

UN NOTAIRE. — Le retour des eaux est un signal : ça nous promet des contrats de mariage.

UN AVOUÉ. — A nous autres, ça annonce des demandes en séparation de corps.

Madame de P***, une des mondaines d'en haut, a laissé tomber de ses lèvres un mot que la chronique a dû ramasser.

— Ce qu'il y a de plus charmant dans le fait d'aller aux eaux, c'est d'en revenir.

XIV

Mlle RACHEL CHANTEUSE DES RUES

On a beaucoup parlé de l'enfance de mademoiselle Rachel; on a raconté que de dix à quinze ans, elle parcourait les faubourgs, une guitare en sautoir, chantant à la porte des cafés, et *faisant la manche*, c'est-à-dire quêtant après avoir chanté. Mais, d'abord, il est indispensable de poser en fait que ce n'est pas à Paris, mais bien à Lyon que l'éminente artiste a commencé ce rude apprentissage de la vie. Dans cette existence de bohème, la petite Rachel était toujours accompagnée de sa sœur Sara, laquelle était déjà une grande fille, assez jolie. C'était cette dernière qui chantait. Quant à la cadette, elle accordait réellement une guitare, mais c'était pour s'aider à réciter des vers et plus spécialement des fables de la Fontaine.

Tout près du théâtre des Célestins, il existe encore un grand café à la porte duquel les habitués lui faisaient souvent déclamer *le Loup et l'Agneau*. Après avoir récité le dernier vers, l'enfant prenait une petite sébile et faisait le tour de l'établissement. De tous côtés, les pièces de cinq sous, fort abondantes à Lyon, à cette époque-là, pleuvaient dans son aumônière.

En 1840, lorsque la Renommée avait déjà fixé les yeux sur elle, mademoiselle Rachel commençait une tournée à travers la province, et Lyon était naturellement au premier rang des étapes qu'elle devait parcourir. A son arrivée, toute la ville était en fête.

Un soir de relâche, un journaliste de l'endroit, Joachim Duflot, de qui je tiens le fait, allait lui faire une visite à l'Hôtel du Nord, où elle résidait.

— Puisque je ne joue pas ce soir, lui dit-elle, je désirerais beaucoup revoir le théâtre des Célestins, le théâtre des gens du peuple.

— Rien de plus facile, mademoiselle; nous pouvons y passer la soirée.

Mademoiselle Rachel fit une toilette de bon goût, mais très simple. Joahim Duflot lui offrit le bras et ils partirent.

Au bout de quelques instants ils arrivèrent sur la place des Célestins.

— C'est étrange, monsieur dit alors l'actrice, je ne me sens pas la force de vaincre l'émotion qui s'empare de tout mon être. Voilà bien la place où j'ai récité tant de fables pour gagner mon pain! Voulez-vous que nous en fassions le tour?

Elle s'arrêtait à chaque pas, elle aspirait l'air avec avidité, elle murmurait plusieurs fois de suite :

— Oui, c'est bien ici que j'ai été enfant!

Tout à coup elle aperçut les tables vertes et les guéridons du grand café.

— Voilà mon premier théâtre, reprit-elle. Chose prodigieuse, rien n'y a bougé. Les meubles sont les mêmes ! Je revois les tables à la même place. Cette dame, qui est assise au comptoir, oh ! c'est la même que de mon temps. Je la reconnais ! Tenez, j'avais pour habitude de m'appuyer sur cette balustrade en déclamant *Le Loup et l'Agneau.*

Tout entière à ses souvenirs, elle se revoyait à l'état de petite fille, ayant soin de ne pas laisser mouiller par la pluie ni de trop heurter sa guitare, son gagne-pain, pour elle et pour sa sœur.

A la fin, elle entraînait le journaliste du côté du café.

— Voulez-vous me faire un grand plaisir ?

— Assurément, oui, mademoiselle.

— Eh bien, entrons ensemble au café.

— Entrons.

Elle s'assit alors délibérément à une table, où elle se rappelait avoir souvent tendu sa sébile. Elle se fit servir une bavaroise au chocolat et des gâteaux, mais elle ne pouvait boire ni manger. Toute son âme était descendue dans ses yeux.

Cependant il fallut sortir et sortir vite, car la foule des Lyonnais, vite prévenue de la présence de la célèbre tragédienne, accourait de ce côté-là et allait tout lui faire oublier par son empressement indiscret.

Le lendemain même, mademoiselle Rachel donnait une représentation au grand théâtre. A la fin du spectacle, tout ce qu'il y avait de considérable dans la seconde ville de France l'attendait au bas de l'escalier pour la saluer, lui donner des fleurs et l'applaudir. En tête du cortège, on apercevait M. Terme, le maire de l'industrieuse cité qui tenait un flambeau d'argent à la main afin de lui faire honneur comme à une souveraine. — Que de contraste entre ce flambeau d'argent et la petite sébile de bois, et quelle émotion la petite juive des rues devait éprouver!

On composerait aisément plusieurs volumes avec les vers qui lui ont été adressés. Il y en a eu de fort beaux. Nous reproduisons ici un sonnet qui lui a été dédié par un poète de Lyon. Mademoiselle Rachel avait une affection particulière pour ce petit bouquet de rimes qui a été l'un des premiers hommages lyriques qu'on lui ait faits. A dix ans de là, causant avec l'auteur, qu'elle aimait à compter au nombre de ses amis, elle lui disait :

— Si jamais on fait pour moi un recueil spécial de vers, quelque chose comme la *Guirlande à Julie,* je veux que ce sonnet y ait la première place.

A MADEMOISELLE RACHEL.

Quand vous avez drapé votre manteau romain,
On voit sculptée en vous la sainte poésie,
Et quand vous murmurez les chants du cœur humain,
On croit d'un vase d'or voir couler l'ambroisie.

Passions, sentiments, dans votre voix d'airain
Ont un écho, s'il sont vengeance ou jalousie ;
Et quand vous regardez de votre œil souverain
De terreur et d'amour l'âme est toute saisie.

De votre mission poursuivez le chemin,
Jeune fille inspirée, Hermione divine ;

Montrez-vous au grand jour, amante de Racine !

Melpomène oubliée a repris son burin ;
Déjà sur votre nom la postérité veille
Car vous êtes, Rachel, grande comme Corneille !

Mademoiselle Rachel n'a plus revu Lyon, si ce n'est à quinze ans de là, en passant, pour aller mourir à Cannes.

XV

UN AMOUR MONTÉ SUR DIAMANT

Ce qu'il y a de plus ennuyeux pour les auteurs, c'est que les histoires d'amour commencent toutes de la même façon : « Il était une fois un monsieur et une dame. » Depuis Homère, ou, si vous voulez, depuis Daphnis et Chloé, ça n'a pas d'autre début. Encore aujourd'hui, après trois mille ans de récits de toutes les couleurs, on ne parvient guère à trouver une autre forme : « Il était un monsieur et une dame. » Certains novateurs, qui passent pour fort téméraires, ont dit : « Il était une fois une dame et un monsieur », mais, entre nous, c'est blanc bonnet et bonnet blanc.

J'ai à conter une histoire piquante, puisqu'il y est question d'une épingle, et je ne vois pas trop comment je pourrais varier l'ancienne formule.

Pourtant essayons.

Il était une fois une jeune femme, de son métier danseuse à l'Opéra. (Nos pères eussent dit un rat.) Elle s'appelait Hersilie, d'un nom tiré du *Numa Pompilius* de Florian. De haute taille, blonde, blanche, fort jolie, nulle n'était plus lorgnée. En trois mois de temps, en guise d'hommages, Hersilie avait reçu, par bottes séparées, de quoi faire une forêt de lilas blanc. Ne parlons ni de roses, ni des œillets. Vieilles fleurs, vieux jeu. Ça ne compte plus. Restons sur les lilas de Paris et sur les camélias.

Mademoiselle Hersilie était charmante et bien généreuse. « Malheureusement, c'est un cœur d'or », disait sa mère. Non seulement mademoiselle Hersilie donnait son cœur, mais encore elle y joignait de petits cadeaux, toujours de prix.

Un jour, au retour des courses de Longchamps, la petite personne s'éprend du marquis Tancrède des Saffras, qui est tout à la fois un prodigue et un joli homme. Son cœur parlant haut, elle le lui fit savoir.

« — Monsieur le marquis, vos yeux m'ont blessée. Venez me guérir. »

(Suivent la signature et l'adresse.)

Dès qu'il est venu, car un homme auquel une femme de théâtre assure qu'elle l'aime, plante tout là, se fait beau, accourt et reste. Adorable marquis des Saffras ! Il se laisse aimer. — Comment ! une déesse d'Opéra qui s'éprend pour lui, à première vue ! Il se laisse aller à la pente du bonheur. Entre le gentilhomme et la danseuse, les amours, ah ! les amours véhémentes duraient depuis huit jours qu'ils n'étaient pas finis encore !

Ce roman menaçait de devenir chronique avec redoublements, et sans l'indiscrétion d'un bijoutier du Palais-Royal, on ne saurait trop où en serait le galant marquis.

S'il faut en croire la chronique (et vous savez que la chronique dit tout), la tendre Hersilie céda à un accès de lyrisme. En pressant le sportsman sur son cœur, elle lui tint à peu près ce langage :

— O l'ami de mon cœur, je veux vous faire un cadeau que vous garderez toute la vie en souvenir de moi.

— Mais, répondit le marquis, j'ai déjà votre cœur, Hersilie.

— Voici cependant une épingle en brillants pour m'attacher le vôtre un peu plus, riposta la belle danseuse.

Et, en effet, elle tira de son sein un diamant de bon goût et monté avec soin, qu'elle fixa de ses blanches mains au jabot en dentelles de son ami.

— Horace, vous le garderez en mémoire de moi, ajoute-t-elle avec sentiment.

— Décidément cette jolie petite tête folle m'adore, pensa le marquis de Saffras, et, si je ne suis pas le dernier des pignoufs, je dois lui rendre la pareille.

C'est pourquoi, le jour même, il envoya un groom chercher chez son joaillier un écrin, style tout neuf, qui valait une fois et demi l'épingle, et, sans avoir l'air de rien, il l'offrit à sa généreuse amie.

Qui donne si bien reçoit de même; la danseuse prit l'écrin.

— Ah! quel homme incomparable!

— Ah! la délicieuse maîtresse!

Prosaïques bourgeois de France que vous êtes, vous

pensez bien que le soleil de leurs amours était à son zénith, et justement, le lendemain même de l'échange des tendres procédés, des deux cadeaux, un homme demanda à parler à M. le marquis de Saffras. Il avait, hélas! une note à la main. Cet homme était le bijoutier.

— Déjà! s'écria le gentilhomme.

— Oh! monsieur, ce n'est pas pour l'écrin que vous avez bien voulu prendre avant-hier.

— Et pourquoi donc?

— Dame, c'est pour une épingle qu'on a fait demander, la semaine dernière, de la part de M. le marquis, et comme j'ai réfléchi que, peut-être, M. le marquis ne voulait pas confondre les deux notes, j'ai d'abord préparé celle de la première livraison.

— Bon! bon! répondit le sportsman, je vais vous payer cette épingle; mais, une autre fois, entendez-vous, quand je voudrai des bijoux, je préférerai aller les choisir moi-même.

Il acquitte donc la note.

Ici le joaillier s'en alla, le marquis des Saffras ne souffla mot et garda rancune à la jolie personne. Cette épingle, il l'avait prise pour argent comptant et... c'était un traquenard. Décidément elle avait trop rusé : il était piqué au propre et au figuré. Mais qui diable aussi se serait douté qu'un marchand du Palais-Royal présenterait sa facture si vite que ça?

Cependant la petite danseuse croyait avoir pendant six mois l'honneur de son petit cadeau, et six mois d'amour, à l'Opéra, c'est l'éternité!

Ce qu'il y a d'ailleurs de délicieux dans l'aventure,

c'est que le marquis des Saffras n'avait pas manqué de crier avec une certaine félicité, au cercle, en montrant l'épingle à tous ses amis.

— Eh dites donc, petits crevés, cette épingle, c'est un cadeau de la petite Hersilie. Entre nous, je trouve ça furieusement drôle.

Ce cher marquis, il ne croyait pas dire si vrai!

Morale. — Ne rien recevoir d'un rat d'Opéra, ou s'attendre à payer deux fois.

CHAPITRE XVI

HISTOIRE D'UN VIOLON

Y a-t-il encore des fées? — Jean-Paul-Frédéric Richter dit que non. Les sylphes sont morts de froid à l'approche du Réalisme; c'est Henri Heine qui l'a écrit. — Mais ces deux enfants de la blonde Allemagne ne peuvent parler que des pays d'au delà du Rhin. — Chez nous autres, Gallo-Romains, dans l'intérieur des terres, aux bords des fleuves duidiques, les fées, les sylphes, les gnomes et les génies vivent toujours, non moins jeunes qu'au temps d'Honoré d'Urfé et de Claude Perrault.

Cet autre soir que la neige étendait son manteau d'hermine sur les chemins, je lisais, au coin du feu, une page récente de George Sand. L'illustre femme brodait des variations sur la mythologie populaire du Berri. Dans ce qu'elle disait, il était question de toutes les croyances rustiques qui poétisent la vie, d'ailleurs si terne, de la province. Il faut que vous le sachiez, l'auteur de la *Mare au Diable* voit des apparitions partout. Quand elle se promène dans la vallée Noire, les ondines s'éveillent, les péris de l'Est se dressent tout à coup sur la marge des étangs ou le long des prairies. Il y en a qui causent, il y en a qui chantent, il y en a qui provoquent le passant par un rire moqueur. Si vous répondez à ce rire, vous êtes mort.

Je sais bien qu'en descendant au fond des choses, on trouve tout cela du dernier absurde. M. Babinet (de l'Institut), qui est un homme grave, s'écrie : « Laissez donc ! c'est de la superstition ! » M. P.-J. Proudhon, qui est un autre homme sérieux, vous dit : « Ne faites pas attention : c'est de la nymphéomanie. » Ils ont raison au point de vue de l'existence réelle, de même qu'un prêtre qui pose en fait que Jupiter et le paganisme ne sont pas. Eh bien, ce monde imaginaire d'esprits et de lutins est, et il sera longtemps encore, en dépit des efforts de la philosophie expérimentale. Dans ma seule province, qui est ce même Berri que je vous nommais tout à l'heure, cinq cent mille âmes pour le moins tiennent à ces fables comme un héritage de famille. Rien ne saurait prévaloir contre la force d'inertie de ces légendes. Moi qui suis voltairien jusqu'à la moelle des os, je me souviens d'avoir plus d'une fois joué gros jeu en voulant combattre cette poésie agreste. Il y a une vingtaine d'années, lorsque nous nous essayions, au sortir du collège, au métier de tribun, nous allions à cinq ou six à travers les campagnes prêcher contre ces mythes et leur persistance obstinée. Les paysans nous laissaient dire, ils nous encourageaient même ; mais quand nous arrivions au moment de conclure et qu'il fallait lacérer leurs vieilles images ou les sommer de renoncer à leurs contes, ils nous montraient leurs fourches de fer. Si les fourches n'eussent point suffi à dissoudre l'apostolat, ils auraient été quérir le vieux fusil accroché au manteau de la cheminée, ils auraient déchaîné leurs chiens de garde.

Dans ce temps,—conte naïf,—au lendemain de la révolution de Juillet, j'ai été témoin d'un fait qui n'a pas eu pour centre de gravité la région des sentiments et des conjectures, d'un fait de la vie réelle, et qui cependant avait en lui-même un très-fort alliage de merveilleux. — En deux mots, je vais vous conter cette histoire.

Cela date de vingt-deux ans, — j'en avais seize alors, — Romain G***, — un de nos camarades, — s'était trouvé de bonne heure orphelin et en possession d'une assez jolie fortune. — Dans ce temps-là, avoir dix-huit ans, être riche et beau garçon, c'était être romantique et Gracque tout ensemble. Romain n'y manquait pas. Il faisait des vers à enjambement et se chargeait de réunir les souscriptions des patriotes qui payaient les nombreuses amendes de la *Tribune*. Dans ses heures de loisir, après la lecture des journaux, il allait volontiers contempler le coucher du soleil, et il jetait même sur une toile la silhouette d'un paysage. Faut-il ajouter qu'il était amoureux? on l'a deviné. Il aimait une grisette, dont il faisait une grande dame; c'est le contraire des jeunes gens d'aujourd'hui qui changent les grandes dames en grisettes.

Mais la rêverie entrait pour beaucoup dans ses habitudes, j'entends la rêverie allemande, que fait naître le désœuvrement et que la musique excite. Romain jouait supérieurement de plusieurs instruments, et surtout de la flûte. Que de fois, lorsque la petite ville était endormie, je l'ai rencontré, la nuit, se promenant parmi les trèfles et le sainfoin en fleurs en chantant ou en déclamant! Souvent, en août, il s'asseyait dans les blés, comme un berger du Mantouan ; la grisette était à deux pas, jouant avec des nielles ou suspendant de ses doigts roses des vers luisants comme des fallots à la haie du chemin ; elle chantait des chansons du jour, et Romain l'accompagnait sur sa petite flûte. Ils affectionnaient surtout, je me le rappelle, la romance de Chateaubriand :

> Te souviens-tu du lac tranquille
> Qu'effleurait l'hirondelle agile,
> Du vent qui courbait le roseau
> Mobile
> Et du soleil couchant sur l'eau
> Si beau !

Dans le jour, il est vrai, Romain ne modulait pas de romances ; d'ailleurs, Chateaubriand n'en faisait plus ; il publiait des brochures contre Louis-Philippe, que Romain lisait, comme tout le monde ; il lisait tout ce qui venait de Paris, et, par exemple, cette magnifique apostrophe de poète dont Victor Hugo poursuivait la Bande Noire.

Cette Bande Noire, tout entière composée de notaires, de petits banquiers et de gros paysans, faisait à cette époque l'office des corbeaux après la bataille. Depuis le 9 thermidor jusqu'à nos jours, on l'avait vue se jeter sur le cadavre de la propriété féodale et le déchiqueter à grands coups de bec. Paul-Louis Courier a prétendu que c'était un bienfait, à cause des progrès agricoles : Romain, qui aimait beaucoup la verve frondeuse du vigneron de Véretz, n'entendait pourtant point la chose de la même manière. Pour lui, la question d'art dominait tout. On installait des machines à tisser dans les abbayes; on cassait des ogives à coups de marteau, afin d'avoir de la pierre ; on rasait des châteaux historiques pour les remplacer par une fourmillière de bourgeois. Un tel état de choses offensait ses prédilections de romantique ; le Gracque se taisait alors pour laisser la parole au Jeune France, ami du Cénacle.

Voilà qu'un jour on annonce qu'un château d'origine capétienne va être vendu aux enchères ; c'était à trois lieues de la petite ville. Romain manifesta une grande tristesse. En raison des terres et des fermes qui formaient son annexe, le château ne pouvait pas être vendu moins de trois cent mille francs. — Or la somme était trop forte, même pour un richard de province.

— Je ne suis pas assez riche pour me rendre acquéreur de la tour, se dit Romain, et c'est dommage. Comme ma grisette aurait bien eu l'air d'une duchesse d'autrefois lorsqu'elle aurait mis à une fenêtre, tapissée d'un lierre d'avant les Valois, sa petite tête éveillée, pareille à une pomme d'api! Les grandes dames du temps jadis avaient des couleurs naturelles sur les joues, j'en suis sûr ; c'est par une exagération des sentiments byroniens que l'École nouvelle aime la pâleur. Mais n'importe : madame ne montera pas à sa tour, c'est trop cher. Toutefois j'arracherai quelque bribe à la Bande Noire, je le promets.

En effet, le jour de la vente, moyennant cent louis payés comptant, avec le dixième de guerre en sus,

Romain acheta le lot des meubles meublants. Cela consistait en tapisseries des Flandres à demi rongées des rats. (Elles dataient de Louis XII et représentaient Agnès Sorel en devineresse excitant Charles VII, le roi de Bourges, à reconquérir son royaume.) Il y avait aussi de vieux bahuts, une vraie cuirasse de la troisième race; mais c'était évidemment l'armure d'un bâtard, puisque les fleurs de lys qui la décoraient étaient rayées d'une barre. Il y avait encore bien des choses plus modernes et qui se rapprochaient du dix-huitième siècle.

Le dernier objet du lot était un violon de grandeur ordinaire, qui n'était pas précisément très vieux; il portait le chiffre de 1775, ce qui veut dire qu'il avait sans doute servi à jouer la gavotte et à accompagner les chansons qui se produisaient sur l'air du *Manuel d'Exaudet*.

Une circonstance frappa Romain.

Le manche de ce violon était un chef-d'œuvre de sculpture. Celui qui l'avait tourné s'était complu à dessiner très nettement une tête de diable, fine, aiguë, ironique, barbue, pointue, — quelque chose comme un aïeul de Méphistophélès.

— Un diable allemand dans le temps des petits culs-nus d'amour! se dit Romain. Qu'est-ce que cela signifie?

Il ne tarda pas à comprendre.

Sur un des revers de l'instrument, il lut ce mot en grosses lettres : BRÊME.

Romain savait assez de géographie pour reconnaître qu'il s'agissait d'une ville germanique.

— Du moment que ce violon vient des Allemands, dit-il, je comprends le diable. Il est même surprenant qu'il n'y en ait pas deux.

On transporta à la ville, dans sa cénobie de rêveur, la totalité du lot ; Romain passa huit jours à ranger ses nouveaux vieux meubles comme les richesses d'un musée.

— Sans moi, murmura-t-il, ces ânes bâtés de la Bande-Noire auraient fait de belles choses ! Je suis sûr qu'ils eussent, ou peu s'en faut, taillé des torchons d'auberge dans la tapisserie de la tendre Agnès Sorel.

En ce moment, l'idée lui vint d'essayer son violon.

Il fixa les chanterelles, agita l'archet et joua.

Quelque chose comme un nuage passa sur ses yeux et les obscurcit une minute ; sa main droite tremblait ; la sueur perlait sur son front.

Romain se crut sur le point de devenir fou. C'était à peu près juste : il était inspiré.

— Comment diable cela se fait-il ? se demanda le jeune homme stupéfait. Pas plus tard qu'hier, je savais à peine râcler une ritournelle ; aujourd'hui, je joue comme un des anges qui se groupent autour de sainte Cécile.

Il jouait, en effet, divinement.

— A mon dernier voyage à Paris, reprenait-il, j'ai entendu Nicolo Paganini, sur les planches du grand Opéra ; Paganini ne me viendrait qu'à la cheville.

Il joua encore une fois. De tous côtés, les voisins ouvrirent les fenêtres afin de l'entendre.

— Ah ça ! lui dit sa grisette, est-ce que tu as répandu l'âme de ta petite flûte dans ton violon ?

— Je ne sais pas d'où ça vient, répondit Romain, mais me voilà artiste jusqu'au bout des doigts : il n'y a pas de rossignol, dans les peupliers du Cher, qui ait dans le gosier tout ce qu'il a dans ce violon.

Il croyait rire, et il disait vrai.

Ce violon magique, cet instrument ensorcelé, fut bientôt son unique préoccupation. Les concerts qu'il nous donnait charmaient tout le monde. Dans la petite ville dont il est question, qui est le point le plus central et le milieu juste de la France, le gouvernement de 1830 avait envoyé, par mesure de sûreté publique, un double dépôt de réfugiés polonais et de ces insurgés espagnols qui avaient voulu renverser Ferdinand VII à la suite des généraux Valdez, Vigo et Mina. Tous ces homme étaient dans le ravissement.

Tout à coup, sans rime ni raison, comme on dit, Romain cessa de nous voir.

Il s'était acheté, à une portée de fusil de la ville, une maisonnette entourée d'arbres. Il s'y confina et passa tout son temps à jouer plus d'airs, de thèmes et de motifs qu'il n'y en a jamais eu dans la tête si féconde de Beethoven. — La grisette, que cette existence claustrale assombrissait, trouvant un matin la porte ouverte, prit son vol et disparut avec un élégant de passage, qui s'en allait aux eaux de Vichy.

— Ma perruche est partie, bon débarras ! disait Romain.

Des fantaisies nouvelles et diverses germaient sur son crâne. De mélancolique qu'il avait été, il se réveilla un matin plus gai que le pinson du mois d'avril.

Romain donna un bal à toute la jeunesse du pays ; il

en fit seul les frais de luminaire, de rafraîchissements et de souper; il joua seul. Il s'y trouva deux cents danseurs, qui dansèrent comme mille.

Romain ne pensait plus à ses sympathies, au Cénacle romantique, à la guerre la Bande-Noire, à prêcher la République, à faire l'amour, le soir, au clair de lune ; il ne vivait que pour son violon.

Tous les jours, il faisait venir de la musique nouvelle; tous les jours, il donnait des concerts; tous les jours, sa maisonnette passait à l'état de maison du bon Dieu.

Un vieil oncle maternel, qui lui faisait des discours fondés sur les lois de la rhétorique, accourait et lui disait :

— Mais malheureux, il n'y a pas de fortune qui tienne avec ton nouveau train de vie! Tu te ruineras avec ton sacré violon, c'est moi qui te le dis. Non seulement je te le dis, mais encore je te le prouve par des arguments tirés de l'expérience. Par exemple, je suppose...

— Mon cher oncle, répliquait Romain, je sais d'avance ce que vous allez me dire. Vous venez de faire un exorde *ex abrupto*, en injuriant mon violon : c'est bien ; vous entrez dans l'exposition; vous voulez faire défiler devant moi toutes les autres figures, y comprises la synecdoque, l'hypallage et la catachrèse. Eh bien! non, je m'y refuse : j'aime mieux vous jouer un petit air de ma façon.

Il jouait, et le bonhomme d'oncle s'en allait charmé.

— Un beau talent tout de même; mais c'est égal, il se ruinera.

Ce n'était que trop vrai. Au bout d'un an, il était forcé de vendre un domaine que deux bœufs avaient de la peine à parcourir en un jour.

Pour se consoler, il donna une fête énorme pour le pays; un tiers de la ville y était et se soûla de vin, de musique, de chansons et de propos saugrenus.

Le lendemain, au petit jour, visite de l'oncle.

— Te voilà bien avancé maintenant, *rossignoleur*, lui dit-il.

— Eh! sans aucun doute, cher oncle, répondit Romain : je viens d'ajouter une page au doux livre de ma jeunesse. Un jour, quand je serai goutteux, surmené par l'âge, toussant dans les cendres et crachant en détail mon âme du matin au soir, je repasserai ce souvenir comme les autres épisodes de mon histoire. Ce sera du soleil pour mes vieux ans.

— Tes vieux ans, mon pauvre garçon! quand ils sonneront, tu porteras la besace.

— Tant mieux, cher oncle; la besace est, à tout prendre, une chose poétique. Je sais trois grands hommes qui l'ont portée, sans compter les autres : Homère, Ésope et Villon, un aveugle, un bossu et un voleur. Quel beau réquisitoire à faire, si vous en aviez le temps et si j'en avais la patience!

L'oncle se retira en disant :

— C'est un garçon perdu !

Effectivement les paroles de Romain étaient de jolies phrases peut-être, mais certainement de mauvaises raisons. Nous savons où mène l'entêtement dans le désordre; mais le pauvre musicien était incorrigible. Courir d'un bout du département à l'autre, son violon sous le bras; faire danser les jolies filles sous la ramée; accompagner les chansons à boire, il n'avait plus de goût que pour cela. Toutes les fois qu'on rencontrait, le long des clairières, un village en liesse, garçons et filles, on pouvait parier à coup sûr qu'il était en tête de la bande. Ce qu'il y avait de particulier dans l'affaire, c'est que, contrairement à l'usage, les danseurs ne payaient en rien le ménétrier; c'était toujours cet Orphée rabelaisien qui payait et attablait les danseurs.

Il lui restait une petite métairie à trois charrues : il la vendit.

Il vendit sa vigne. Il vendit son jardin. Il vendit son argenterie. Il vendit ses livres, — les livres du Cénacle. Il vendit la tapisserie d'Agnès Sorel.

— Je garderai mon violon, toujours!

— Dis donc que ton violon te gardera, malheureux! lui disait son oncle.

Il fallut quitter la maisonnette entourée d'arbres, et se faire un nid dans une chambre garnie.

Quand Romain passait dans les rues, ceux qu'il avait invités à ses fêtes détournaient les yeux. D'autres disaient : « Quel malheur qu'il soit *toqué!* C'était un bon enfant; mais cette passion du violon lui a tout pris! »

Le moment arriva où il n'eut plus un morceau de pain à se mettre sous la dent.

Romain donna des leçons de violon au cachet, — vingt sous la leçon. — (Il en avait trois la semaine.)

Romain vit alors de près la Misère, cette vieille inexorable, l'épouse des éventés, comme dit un poète persan.

— Mieux que son oncle et sans lui faire de discours, la Misère lui fit comprendre qu'il avait eu tort.

9.

— Mais je te tiens, dit-elle.

— Ah ! ce n'est pas sûr, repartit Romain, qui était, au fond, un homme d'énergie.

Un jour, en décembre, il était rentré chez lui pour déjeuner. En furetant, il avait trouvé trois œufs dans un buffet.

— C'est bon, j'en ferai une omelette, dit-il.

Il demanda un peu de beurre à un voisin, un peu de sel à un autre.

Mais il n'y avait pas un morceau de bois dans le bûcher.

Où en prendre? Romain ne pouvait toujours importuner les voisins.

Pas de bois en décembre! On se révolterait à moins.

— Il prit sa tête dans ses mains et médita.

— Eh bien ! c'est cela, dit-il.

Là-dessus, il se jeta sur son violon et le cassa en cinq morceaux sur ses genoux.

Romain y mit le feu.

Je vous ai dit que le manche de l'instrument formait la tête d'un diable. Ce manche brûla le dernier. Lorsque la flamme l'eut consumé, un cri saccadé se fit entendre ; c'était le génie qui s'en allait.

Romain mangea son omelette, d'abord avec emportement; ensuite, avec plus de calme; en fin de compte, avec plaisir. A la dernière bouchée, après avoir reposé sa fourchette de fer sur son assiette de faïence :

— Allons, je suis guéri, s'écria-t-il. Misère nous divorçons !

Il fit venir son oncle.

— Je ne suis plus violoniste, lui dit-il. Faites maintenant des synecdoques tant que vous voudrez.

L'oncle pleura de joie et lui ouvrit ses bras.

— Je te prête cent louis à six pour cent, parce que c'est toi, lui répondit-il.

— Cher trésor d'oncle !

J'ai insisté, en commençant, sur ce point que l'histoire est réelle ; j'insiste encore. — Sauf le nom du héros, tout est vrai.

Romain était toujours jeune, toujours beau, toujours homme distingué ; il devint entreprenant. Il fit de l'industrie. Il y fut heureux. Il a épousé, il y a douze ans, la fille d'un maître de forges qui lui a donné une grosse dot. Il est aujourd'hui millionnaire, classique de l'école du bon sens (ce qui est une faiblesse), conservateur un peu exagéré et ennemi de la musique.

Quand on lui parle du passé, il répond :

— Mon omelette a été pour moi l'eau merveilleuse qui ôte l'esprit, la mémoire et le sens poétique.

Quant à moi, je ne veux tirer du fait aucune conclusion ; j'ai raconté : voilà tout.

XVII

CHARLES DE BESSELIÈVRE

Pardon ! Si l'on doit s'en rapporter à l'état civil, il n'avait aucun droit à la particule. De son vivant, son père se nommait Besselièvre tout court, était un honorable marchand de drap, simple citoyen de la ville de Paris. Au lendemain du 24 février, comme il soufflait sur le pays un petit vent de réaction aristocratique, le fils, déjà majeur, sentant battre dans sa poitrine un cœur henriquinquiste, imagina tout à coup de s'anoblir. Premièrement, c'était un peu la mode chez les jeunes gens d'alors qui avaient une dizaine de mille francs de rente, et il était du nombre. Secondement, il était encouragé dans cet acte de témérité sociale par deux vieux vaudevillistes bien pensants, alliés à sa famille, les deux frères D'Artois, anciens gardes du corps du roi, qui, ceux-là, disait-on au café des Variétés, avaient donné l'exemple en écartelant leur nom à l'aide d'une apostrophe placé entre le D et l'A. Très petit travers, amusette d'esprits frivoles qui n'a fait de mal à personne. Heureux le fils du marchand de drap s'il n'eût pas eu d'autres prétentions !

Que vous dire ? le voisinage des deux D'Artois devait déteindre sur lui jusqu'à l'induire en littérature. Au moment où il entrait dans la vie, il n'avait pas d'autre fonction que celle de manger les revenus que lui laissait l'héritage paternel. Sa fortune consistait en une très belle et très solide maison, située rue de Choiseul. Ce que lui rapportait cet immeuble suffisait pour en faire un de ces heureux citadins qui jouissent, sous nos yeux, de toutes les ressources de la civilisation moderne, si bien faite pour les petites bourses. Par malheur, la magie du théâtre et le désir immodéré de cette gloire qui consiste à voir son nom imprimé sur les colonnes du boulevard, lui avaient troublé la cervelle. Il ambitionnait d'être auteur dramatique et il le fut. Il a fait jouer une dizaine de petites pièces tant aux Variétés qu'au Vaudeville, en collaboration avec les deux D'Artois, déjà nommés, et avec Roger de Beauvoir.

Ces pièces, plus réactionnaires que piquantes, n'ont pas laissé dans l'histoire littéraire de notre temps une trace bien lumineuse, mais le seul fait de les voir jouer par des comédiens en chair et en os et de véritables actrices remplissait de joie ce bon gros garçon, tout étonné de tant de succès. Savait-il écrire, au moins ? Graphiquement, oui, peut-être, mais cela n'allait pas bien loin. Pour se faire la main, sur la fin de 1848, il avait voulu se faire journaliste. Il s'était donc acheté une petite part de propriété au *Corsaire* et c'avait été, je le crois bien, une première brèche faite à la maison de la rue de Choiseuil. Moyennant une dizaine de mille francs, il pouvait publier, sous son nom, de petits comptes rendus de pièces jouées la veille. Histoire de forcer la porte des théâtres. Ce fut, en effet, grâce à ce jeu-là qu'il parvint à faire recevoir quelques-uns de ces vaudevilles essoufflés et incolores qu'il a donnés, un peu plus tard. Mais l'opération n'était pas de nature à l'enrichir beaucoup.

Un journal ne lui suffisant pas, il s'arrangea pour avoir pied dans un second, et ce fut alors qu'il devint un peu le commanditaire d'H. de Villemessant pour la *Chronique*, petit cahier hebdomadaire, plein de ferveur royaliste. Mais les événements politiques se précipitèrent ; le coup d'État se fit, pendant une nuit de décembre. On sait les suites. La presse en souffrit vivement, surtout celle qui ne vivait que d'épigrammes. Comme on cherchait à blaguer le Prince, président au *Corsaire*, cette feuille fut supprimé d'un trait de plume. D'un autre côté, la *Chronique* se désorganisa. Seconde perte d'argent pour le fils de l'ancien bourgeois de Paris, jouant au noble.

Que pouvait faire Charles de Besselièvre ? Si la République avait été égorgée de la main de celui qui, en pleine Chambre, lui avait juré un solennel serment de fidélité, l'henriquinquisme, de son côté, ne fleurissait guère. D'ailleurs, Paris, fatigué de chamailleries politiques, allait tout entier aux affaires et au plaisir, à l'amour libre et à l'orgie. La drôle d'époque ! Les drôles de gens ! Jacques Offenbach mettait déjà au clou son violoncelle pour se jeter à corps perdu dans l'opérette ; Thérésa apprêtait ses roulades de La *Gardeuse d'ours*.

Aux Tuileries et à Compiègne, on en était aux nudités des Tableaux Vivants. Ainsi l'âge décrit par Suétone renaissait sur toute la ligne. Charles de Besselièvre prit son parti en brave. Comme il avait rencontré sur son chemin l'héritier du nom de Musard, du grand Musard, il imagina de fonder, en collaboration avec ce jeune chef d'orchestre, des concerts qui seraient aussi des bals. L'établissement réussit vite. Sans doute le public y était fort mêlé, surtout du côté des femmes. A celles qui se montraient là, on donna bientôt le nom de *musardines*, synonyme de lorettes ou de biches, premières appellations, forgées par Nestor Roqueplan, et puis, un jour, le jeune Musard. ayant fait le mariage que l'on sait en épousant une jeune et éblouissante Yankee qui devint la favorite d'un roi, il y eut un autre chef d'orchestre, Arbant, à ce que je crois.

En 1857, à l'époque où il dirigeait les Concerts Musard à l'hôtel d'Osmond, Charles de Besselièvre se rappela tout à coup le temps où il était quelque peu journaliste et il se mit à rédiger... des réclames. Les belles réclames et comme il comptait bien qu'elles allaient lui amener tout Paris !

> Les concerts Musard deviennent de plus en plus à la mode. Il est vrai que la fréquentation de ces soirées musicales produit des effets vraiment miraculeux. Les journaux ont raconté l'histoire de cet Anglais, atteint du spleen, et qui, abandonné par les médecins, a recouvré son embonpoint et sa gaîté au bout de deux mois d'assiduité aux soirées musicales et dansantes de l'hôtel d'Osmond.

Vous pensez bien que Paris n'avalait pas aisément cet Anglais sans pareil. Une feuille satirique, s'emparant du fait. disait : « Non seulement il a recouvré sa

» gaité, cet Anglais, mais encore il danse tous les soirs
» avec la Rose-Pompon du bal. Il fait la cabriole dans
» le jardin, sous les arbres. Au restaurant d'en bas, il
» découpe sur une fourchette un poulet rôti. On parle
» de l'engager à l'établissement afin d'électriser le pu-
» blic. »

Charles de Besselièvre ne se désarçonnait pas pour cela. Il passait donc à une autre guitare, cette fois d'une allure philosophique.

> Voilà maintenant qu'on parle d'un mari bilieux et jaloux dont le caractère et le tempérament ont subitement changé en face du mélodieux orchestre du boulevard des Capucines. Le teint du malade, qui prenait une couleur effrayante pour un mari, s'est tout à coup éclairci, et son humeur est devenue douce et confiante. Il ne fait plus de scènes à sa femme. — Parisiennes, avisez!

Dans une troisième réclame, l'*impressario* proclamait qu'il n'était plus nécessaire pour se guérir le foie d'aller à Vichy ni aux eaux des Pyrénées, mais qu'il suffisait d'aller aux concerts Musard.

— Alors, lui dit le duc René de Rovigo, vous guérissez vos malades avec du son ?

Dans le même temps, le baron Haussmann se mit à remanier Paris d'un bout à l'autre. Les bals-concerts, avoisinant les abords du Nouvel Opéra durent, non disparaître tout à fait, mais déloger. Charles de Besselièvre crut avoir alors un trait de génie. Il sollicita et obtint de transporter l'entreprise aux bord de la Seine, sur la marge des Champs-Élysées. Notez que, cette fois, il ne s'agirait que de concerts d'été, puisque ce serait en plein vent.

— Nous n'aurons pour plafond, disait-il, que la voûte

bleue du ciel, mais ce sera magnifique les soirs où il y aura un clair de lune et des étoiles.

Le malheur est que le firmament qui recouvre Paris est le plus mobile et le plus inclément qui soit. Sans doute, de la fin de mai au milieu de septembre, ç'avait été un grand charme que de se promener sous les marronniers et sous les sycomores en entendant cent cinquante musiciens jouer des Marches ou des Quadrilles ; on a pu jouir parfois de ce plaisir, mais le plus souvent, à l'heure où l'on se dirigeait vers les concerts-Besselièvre, le vent d'est poussait de gros nuages noirs sur ce point de Paris et ce gros temps crevait en averse. Pendant qu'on jouait du Bellini ou du Beethoven, le spectateur était tout à coup trempé comme une soupe. Il se disait qu'on ne l'y reprendrait plus.

Pous se faire une idée de ce qu'était ce passe-temps, feuilletons le carnet de voyage d'un jeune étranger qui vient passer quelques beaux jours dans notre capitale. Ces impressions ne manquent pas de piquant.

Un hasard malheureux m'a conduit un de ces derniers soirs au concert Besselièvre. On n'est pas parfait. Le concert Besselièvre est, comme on sait, un endroit tout nu, je veux dire non couvert, sis aux Champs-Élysées, où des infortunés légèrement vêtus (Brrr), font de la musique, tandis que d'autres infortunés qui, eux au moins, peuvent garder leurs paletots, tournent tout autour. Image de l'éternité.

Ce soir-là, il y avait grande fête. On claquait des dents. Cela coûtait cent sous. On voyait des femmes charmantes, épaules nues et bras nus (j'en frissonne encore en y pensant), qui vendaient vingt-cinq francs des objets de six sous. On sait que payer six sous un objet de vingt-cinq francs, c'est le comble de la vie parisienne. D'autres tournaient une roue. Je pensais que c'était pour se réchauffer ; mais on me dit que c'était pour tirer des lots. Il y eut un moment où le premier violon gela. On n'entendait plus qu'un doux murmure. Aussitôt les autorités firent tirer un feu d'artifice. Le feu d'artifice gela.

Cela se passait au mois d'août, sur cette terre qu'il est convenu d'appeler la belle France.

Une certaine année pourtant, il fit chaud à Paris. Affaire de pur hasard. Charles de Besselièvre eut, cette fois, un peu plus de chance. Les grandes dames d'alors, les dames de la cour, venaient au concert, ce qui augmentait la vogue. On accourait pour les voir. Il y avait surtout une ambassadrice célèbre à l'aspect de laquelle s'ouvraient cinq cents lorgnons. La consigne était de se montrer aussi madame de ***, une belle blonde, bien en chair, l'une des préférées de l'Impératrice, et aussi madame de ***, celle qui, pour imiter Marie-Antoinette, se promenait en s'appuyant sur une canne de jonc. Il y avait aussi la marquise de ***, celle qui faisait la bacchante Erygone dans les Tableaux Vivants. Tous les jeunes auditeurs du Conseil d'Etat et beaucoup des beaux messieurs du Jockey Club faisaient la haie afin de laisser passer ce superbe cortège.

Si les choses eussent continué à marcher de ce pas-là, l'ex-vaudeviliste eût été en passe de devenir millionnaire, mais le pauvre homme était réellement poursuivi par la *guigne*. Dès qu'on sut que ses concerts attiraient ainsi les femmes de l'entourage de Napoléon III, les irrégulières du demi-monde et aussi celles du quart du monde se présentèrent en foule. Si peu bégueules que fussent les belles dames, il ne leur était plus possible de de tolérer une telle confusion. Elles se retirèrent et avec elles s'en alla le succès.

Ce fut en vain que pour retenir le public, Charles de Besselièvre changea du matin au soir en sévère censeur.

— « Plus de biches ici ! » — Tel était son nouveau programme, mais on lui riait au nez. Exaspéré, il imagina alors de mettre de planton à la porte d'entrée deux employés aux mœurs, agents inexorables, chargés de repousser sans pitié les demoiselles de provenance équivoque. Le spectacle était bizarre. On toisait du haut en bas celles qui se présentaient. « Montrez-moi patte blanche. » Pour un peu, on eût exigé d'elles l'exhibition d'un certificat de bonne vie et mœurs. Mais il n'y a pas de douane, si vigilante qu'elle soit, où ne pénètre la fraude. Les biches apparaissaient tout à coup à travers les allées ombreuses et venaient ensuite narguer le malheureux directeur jusqu'au pied de son orchestre. Charles de Besselièvre en devenait vert d'épouvante et de fureur. Et dame, après tout, c'étaient les *Musardines* de la veille.

Il pestait. Il ne voyait que trop, en effet, que les dames de la cour ne reparaîtraient plus. D'ailleurs l'empire penchait sur son déclin. Les *Beuglants* d'alentour absorbaient l'attention publique. « Me voilà ruiné ! » s'écriait-il, après trois années de solitude. Il y avait longtemps que l'immeuble paternel était mangé. Un jour, les concerts des Champs-Élysées furent fermés et le pauvre garçon fut mis en faillite.

Voilà où l'avait poussé l'ambition de faire du théâtre.

Charles de Besselièvre est mort à Passy, en 1882, à peu près oublié.

XVIII

LA BOUCLÉE

Esther, un joli nom, avec un parfum biblique. Celle qui le portait était plus jolie encore. Jolie, ce ne serait pas assez dire. Elle était belle, très belle, la plus belle de toutes.

Il paraît que c'est ce qui l'a perdue.

Esther était fille d'une pauvre juive de la rue du Temple. Pour qu'elle pût vivre, on lui avait donné un état. Esther faisait des fleurs pour orner le chapeau des grandes dames et elle les faisait dans la perfection. Aucune n'était plus habile. Elle gagnait dix francs par jour et cela eût bien marché, si Paris permettait aux femmes de vivre de leur travail. On sait que c'est là ce qu'il ne veut pas. Cependant tout le temps qu'Esther n'avait été qu'une enfant, on lui avait donné de l'ouvrage. Le jour où elle eut quinze ans, c'est-à-dire quand tout à coup elle se révéla dans l'éclat de sa beauté, on la guetta de vingt côtés à la fois pour la forcer à devenir une oisive qui ne servirait plus qu'aux plaisirs des heureux du monde.

Il y a, sous ce rapport-là, une espèce de franc-maçonnerie. Tantôt une vieille femme arrête l'ouvrière dans la rue pour lui glisser un conseil ou une invitation; tantôt c'est le patron qui donne ou qui retire, en sultan de bas étage, ses commandes. Une si belle fille se brûler les yeux et s'user les doigts en manœuvre, allons donc ! Il y a mieux à faire cent fois. Tous les jours, Esther était blessée jusqu'au vif du cœur par ce qu'on lui disait ou même par ce qu'on lui donnait à entendre.

— Comment ! est-ce que je vais être forcée de me vendre ? se demandait-elle les larmes aux yeux.

Elle refusait, elle luttait, elle résistait héroïquement.

Un jour, en 1830, sur ses économies d'atelier, elle avait pris à la loterie bulgare un billet de vingt sous. Par un heureux caprice du hasard, ce billet amena un lot de 1,500 francs.

— Quinze cents francs ! une mine d'or pour une pauvre fille !

Esther s'imagina que cette bonne aubaine pouvait lui faire conquérir son indépendance, et voici comment elle raisonna :

— Evidemment la Fortune a l'air de me sourire. Vingt sous m'ont fait gagner 1,500 francs. Quinze cents francs me feront gagner cent mille francs. Cent mille francs me délivreront des vieilles femmes qui veulent me vendre et des roquantins qui demandent à m'acheter.

Elle se fit une toilette tout à la fois simple et élégante, prit un ticket du chemin du Midi et partit pour Monaco, le pays de la Roulette et du Trente-et-Quarante.

Quand elle arriva à Monte-Carlo, Esther ne manqua d'y causer une très vive sensation. — Quels grands yeux bleus! disait on. Tout l'azur du ciel paraît y avoir été concentré. — Quels superbes cheveux blonds! Eh! c'est de l'or en fusion, cela! — Et comme il ne vient guère dans la contrée, en fait de jeunes femmes, que des Horizontales, on crut qu'Esther était venue de Paris, non à cause du jeu, mais à cause des joueurs.

Il n'en était rien, ainsi que je l'ai dit.

Esther joua pour son compte. Elle risqua d'abord un louis sur le Rouge, et le perdit. Elle en joua deux autres, trois autres, quatre autre, et elle perdit encore.

— Diable! dit-elle, ça ne va pas! Attendons que la veine me revienne comme à propos du billet de loterie.

Ah! le diable est bien fin, allez! Depuis le jour, déjà éloigné de nous, où il a tenté Ève avec une pomme verte, il sait comment il faut s'y prendre pour faire trébucher les femmes.

Un matin Esther étant assise au Casino, sur un des divans de l'endroit, on vit entrer un jeune et bel étranger; c'était un Espagnol à la moustache noire et à l'œil de feu, don Rafaël Olivarès, joueur de profession. Dès que le nouveau venu eût aperçu Esther, il s'avança vers elle, la salua galamment et lui dit :

— Mademoiselle, tout à l'heure, en sortant de mon hôtel, ayant un peu d'or dans mes goussets, je me suis dit : « — Va devant toi. Si, près des tables de jeu, tu » aperçois une jolie femme, hasarde-toi, joue sans » crainte. Tu gagneras à tout coup. » Mademoiselle, je viens de vous voir ; vous êtes une merveille de beauté. C'est pourquoi je me risque. Je gagnerai donc à tout coup et c'est vous qui m'aurez porté bonheur.

— En ce cas, monsieur, répondit Esther, si ce que vous dites arrive, j'aurai communiqué à un autre une chance que je ne sais pas avoir pour moi-même.

Cette scène si naïve avait été le prélude de leur liaison.

Don Rafaël Olivarès gagna toute la journée.

— Trente-cinq mille francs de gain, disait-il, et c'est à la *Bouclée* que je dois cette veine.

La *Bouclée*, c'était le surnom qu'il s'était plu à donner à Esther, à cause de ses superbes cheveux d'or, merveilleusement crépus.

Prestigieuse et redoutable jeune fille ! Presque tous les hommes en avaient peur, tant elle était belle.

Depuis cinq jours, on la voyait toute seule, assise sur le bord d'un canapé et se morfondre de pâleur et de morbidesse. Ses cheveux blonds, d'une grande beauté, tombaient en boucles sur son dos. On eût dit la pâle Rachel, ressuscitée, venant d'essuyer ses larmes avec ses cheveux. Des paris s'étaient ouverts pour savoir si les cheveux bouclés étaient vrais ou faux. Les uns disaient : « — Ils sont toujours les mêmes ; donc, ils sont faux ! » Les autres répondaient : » — Ils sont vrais, car ils sont trop vivants ; il se roulent tout seuls ! » Enfin, deux rivales, pour en avoir le cœur net, accrochèrent, je ne sais comment, ces belles boucles. Quoi qu'elles en eussent, elles furent forcées de proclamer que ces admirables cheveux appartenaient bien à la juive.

L'Espagnol, la prenant pour une Anglaise, lui avait donc parlé avant de jouer. Personne jusqu'alors ne lui avait adressé la parole. Elle était toujours seule avec ses boucles.

— Jouez, monsieur, lui disait-elle, vous gagnerez. J'ai fait ce matin ma prière en hébreu. C'est le jour de mort de ma pauvre mère, qui était une sainte femme, et qui ne se doutait pas que sa pauvre fille tomberait si bas. Jouez, mais quand vous aurez gagné, vous me tirerez de ma misère. Je prie pour vous.

Et l'Espagnol joua et gagna.

En se levant de table, il alla droit vers la Bouclée, qui n'avait pas bougé de sa place, lui donna le bras, et la conduisit chez une couturière qui, en deux jours de temps, lui fit pour deux mille francs de toilette. Il appelait cela la tirer de la misère. Le bijoutier, la marchande de modes ne furent pas oubliés non plus.

Cela fit sensation à Monaco.

La Bouclée, hier encore abandonnée, avait toute une cour de rivales. De jeunes et de vieux joueurs, qui naguère dédaignaient de la regarder, commençaient à la trouver d'abord intéressante, puis jolie, puis enfin belle à ravir. Mais elle ne quittait plus son Espagnol. Quand il jouait, elle restait assise, toujours sur le même banc, pâle, silencieuse et remuant à peine les lèvres. Méry si grand joueur, comme tout le monde le sait, avait la superstition des *comètes*, c'est-à-dire de ceux qui se tiennent autour de la table. Tel visage est funeste. Tel autre porte bonheur Don. Rafaël Olivarès disait que la Bouclée était son talisman et qu'elle le faisait gagner.

Pendant trois mois, lui et elle, menèrent belle vie de Monaco à Nice et de Nice à Monaco, mais à l'heure de quitter cette île de Calypso qu'on appelle la Principauté

Rafaël parla de liquider sa situation. Un matin donc, un beau matin, l'Espagnol se lève et se dirige vers le secrétaire, où devaient se trouver trois cent mille francs. Il l'ouvre, plus de billets! A la place, il trouve une lettre de change de trois cent mille francs sur Paris. La Bouclée, de peur que son amant ne reperdît son argent, l'avait converti. L'Espagnol, touché de cette attention, tombe à ses pieds, lui jure un éternel amour, se lève, demande sa note, fait faire sa malle et part pour Paris, accompagné de sa bien-aimée. Il a dit à qui voulait l'entendre qu'il l'épouserait. Toujours les douces paroles, la promesse trompeuse du Serpent à la première femme.

A Paris, qu'est-ce que trois cent mille francs? Ce qu'est la neige des Alpes sous le soleil d'avril. En cent jours, la somme disparut. Don Rafaël, ruiné, s'échappa afin d'aller se refaire au Mexique, où l'on joue toujours un jeu d'enfer. En partant, il n'avait laissé à la Bouclée que trois lignes : « Adieu, Esther; tu ne m'en voudras » pas de partir; d'ailleurs, je suis tranquille sur ton » sort; tu es toujours assez belle pour qu'un huit-res-» sort soit heureux de te ramasser. » La Bouclée pleura, et, puis elle fit ce qu'elles font toutes, elle s'étourdit en passant des bras de l'un dans les bras de l'autre.

Au bout de deux ans, attristée, vieillie avant l'âge, usée, flétrie, et pourtant conservant des restes de beauté, on apercevait, le soir, à la porte d'un des théâtres du boulevard, une femme encore très jeune, mais qui, d'une voix enrouée appelait les passants pour leur vendre des oranges.

— *A deux sous la Valence! la belle Valence!*

Cette marchante en plein vent, c'était Esther, c'était la Bouclée, la merveille de Monte-Carlo.

Un soir, en jouant au whist, le comte Vigier disait à l'aîné des Rothschild : « — Monsieur le baron, il ne faut » pas être trop riche. » — Il paraît que, pour une femme, il ne faut pas non plus être trop jolie.

XIX

LA COMTESSE TOCANDINE DE ***

Voici un cas de divorce qui n'a été prévu par personne, pas même par M. Alfred Naquet, le promoteur de la nouvelle loi.

Il s'agit d'une jeune et charmante femme, fort jolie, très élégante, très riche, mais qui a la tête absolument à l'envers.

Nommons, si vous voulez, la comtesse Tocandine de ***, épouse d'un vieux sportsman.

Jusqu'à ce jour, cette charmante dame a eu une conduite irréprochable, et cependant elle se permet de temps en temps les plus étranges équipées.

Elle tient, paraît-il, à justifier le surnom que lui ont donné les gens du monde.

— J'entends, dit-elle, ne rien faire comme les autres.

Qu'on juge de la folie de la belle personne par un exemple :

Un soir, elle alla au théâtre seule; c'était, je crois, à l'Opéra-Comique.

Quand le rideau tomba sur le dernier acte des *Noces de Figaro* de Mozart, minuit sonnait à toutes les horloges d'alentour.

Madame Tocandine se rendit d'un pied léger dans un des grands restaurants du boulevard.

Elle s'approcha, voilée du comptoir, et demanda d'une voix douce :

— N'avez-vous pas ici quelque souper de garçons ?

On fut assez surpris de cette question faite par une personne dont les allures étaient modestes et d'une certaine distinction.

Cependant on lui indiqua un cabinet où une douzaine de joyeux compagnons venaient de se mettre à table.

Madame Tocandine se fit ouvrir la porte par un garçon; elle s'avança, salua gracieusement les convives, et leur demanda la permission de prendre place parmi eux.

Ainsi qu'on l'a deviné, cette requête fut accueillie comme elle devait l'être, et la nouvelle venue s'assit entre deux jeunes gens de bel air et fort aimables, qui rivalisèrent pour elle de courtoisie et de prévenances.

La dame soupa de bon appétit, conversa gaiement, puis, vers deux heures du matin, appela le garçon, paya de force son écot, demanda une voiture et se retira.

Ainsi, pendant deux heures, elle avait été charmante, très vive, spirituelle, mais si mesurée dans son langage, si digne dans son attitude, que pas un Don Juan de la bande n'osa la traiter avec familiarité, malgré la bizarrerie de sa situation.

Autre remarque :

Quand elle quitta le restaurant, aucun de ces muguets n'osa la suivre.

On eût dit une châtelaine d'autrefois qui avait daigné s'amuser quelques instants parmi ses vassaux.

Le fait est, répétons-le, que madame Tocandine de *** appartient au meilleur monde. Elle n'a pas trente ans. Elle est pleine d'esprit. Elle ensorcelle tous ceux qui l'approchent, mais sa vertu est au-dessus des soupçons.

— Ah ! vous nous en débitez une bien bonne ! va-t-on s'écrier. Que va donc faire ainsi, après minuit, une jeune femme du monde dans un cabinet particulier ?

— Monsieur, elle va chercher un moyen rapide de se séparer de son mari.

— Son mari veut donc la garder malgré vent et marée ?

— Oui et non. Nous vous l'avons déjà dit : Madame Tocandine de *** est très riche, et si le susdit époux se séparait de sa moitié, comme ils se sont mariés sous la loi du régime dotal, il serait presque réduit à la mendicité. Or, madame Tocandine de *** a cherché un expédient pour faire sensation dans la chronique parisienne.

— Bon ! vous voyez donc qu'elle cherche à exciter du scandale ?

— Soit ; mais seulement, en tout bien, tout honneur : pour ne pas faire le mal. Sa théorie consiste à se compromettre. Voyant venir la loi du divorce, elle espère ainsi déterminer son mari à briser judiciairement et pour toujours le lien qui les unit. Vain espoir ! L'époux ne veut rien voir, rien entendre. Il veut rester rivé à son boulet conjugal. De toutes les chaînes, la chaîne d'or est la plus solide ; elle est pareille au roseau de la fable : elle plie, mais ne rompt pas.

Ah ! Tocandine, vous en serez pour vos petites escapades de soupeuse !

X

LÉON GATAYES

HARPISTE DE LOUIS XVIII

Il ne serait pas possible de lire l'œuvre d'Alphonse Karr, roman et fantaisie, sans y rencontrer en cent endroits divers le nom de Léon Gatayes. Dès l'enfance, le musicien et l'humoriste ont été liés d'une amitié qui n'a pu finir qu'avec la vie de l'un d'eux. Pour nos temps de prose, c'était la fraternité de Thésée et de Pirithoüs. Qui blessait l'un offensait l'autre et était sûr de les avoir tous les deux sur les bras. Quand ils ne vivaient pas ensemble, ils se donnaient rendez-vous à mi-chemin, l'un étant au Havre, au bord de la mer, et l'autre résidant à Paris. Par la magie d'un pacte secret, il était convenu entre eux que, s'il le fallait, joies et tristesses, ils mettraient toute chose en commun. Dans une telle association, l'idée ne vient jamais à aucun des contractants d'établir une balance, mais il était pourtant bien clair que c'était Léon Gatayes qui déposerait le plus à la masse. Un bon tiers de ses jours a été noblement consacré à se dépenser pour l'auteur de *Sous les Tilleuls*.

En parcourant les *Guêpes*, qui, pendant dix années, ont été pour lui un fin régal, Paris s'est souvent demandé ce que c'était que ce Léon Gatayes dont le charmant pamphlet lui parlait sans cesse. On s'enquérait, on se regardait. Léon Gatayes? Les plus vigilants ne voyaient rien qui fût frappé de cette griffe mystérieuse, ni un livre, ni un sonnet, ni une pièce de théâtre, ni un tableau, ni rien que ce pût être qui touchât aux régions de l'art. Dès lors, pourquoi cette insistance de l'auteur à s'occuper d'une personnalité qui avait l'air de n'en être pas une? A la longue, Paris finit par essuyer le verre de sa longue-vue; il visa mieux et il parvint à découvrir.

De 1840 à 1875, Léon Gatayes s'annonçait sous l'apparence d'un grand et beau garçon, de belles manières, la figure ouverte, franche, très fine, éclairée par des yeux bleus et toujours rasée de frais. Pendant toute sa jeunesse, il avait été, non sans raison, cité pour un des beaux cavaliers qui se sont montrés sur la fin de la Restauration et au commencement du gouvernement de Juillet. Un jour, à la suite d'un accident, né uniquement du hasard, il fut empoisonné, mais des réactifs le sauvèrent. Il en résulta néanmoins une maladie grave après laquelle ses cheveux tombèrent tout à coup et l'une de ses jambes se raccourcit légèrement. Pour dissimuler une calvitie précoce, il portait une petite perruque que ne lui seyait pas trop mal, et appuyé sur une canne de jonc, il boitait quelque peu, mais l'homme robuste et l'élégant se retrouvaient tout de même en lui, sans qu'il eût à faire aucun effort.

Un mystère planait sur sa naissance. Alphonse Karr, au reste, a donné la clef de ce secret dans une sorte de note nécrologique qui a paru dans le *Figaro*. Léon Gatayes descendait d'une grande famille, mais par les zigzags de la main gauche. Un jour, chez lui, dans son cabinet d'amateur, orné de tant de bibelots curieux, il nous a montré un vieux sabre à poignée sculptée sur la lame duquel courait en toutes lettres le nom d'un personnage historique célèbre; c'était de cet ancêtre qu'il provenait, mais en ne pouvant offrir qu'un écu barré par la ligne de bâtardise. Ce qu'il y a de certain, c'est que son grand père a été une sorte d'abbé de cour, sous Louis XVI, qui a quitté l'Eglise pendant l'émigration afin de faire souche d'honnêtes gens et que son père, rentré en France, était quelque chose comme professeur de guitare, ainsi que l'a été Beaumarchais. Voilà qui explique suffisamment pourquoi il a été lui-même élevé dans l'amour de la musique et comment, très jeune, il avait été décoré du titre de harpiste du roi Louis XVIII. Etre le David de cet autre Saül, tel devait être, en effet, son début dans la vie.

Ceux qui ont de la barbe blanche au menton peuvent se rappeler que la harpe était encore fort en honneur sous les Bourbons de la branche aînée et sous Louis-Philippe. Il n'y avait pas d'opéra sans harpe ni de concert non plus. Quand Eric Bernard monta à l'Odéon le *Freyschütz*, arrangé à la française par Castil Blaze, Léon Gatayes faisait partie de l'orchestre, son instrument à la main, et il s'y distinguait en exécutant des soli de l'effet le plus poétique. Ce fut dans ce temps-là qu'un indiscret provoqua de sa part une riposte qu'on a beaucoup répétée. Ce hurluberlu demandait : « — Quel est donc, monsieur, le premier harpiste de France? — C'est moi, » monsieur, » répliqua héroïquement Léon Gatayes sans se déferrer. — Il avait, d'ailleurs, souvent des réparties très piquantes, mais toujours assaisonnées d'un grain de raison. Par exemple, un jour, en janvier 1838, M. Henri Karr, le père de son ami, lui disait : « — Cher monsieur, venez donc me voir, l'été prochain, » à Saint-Mandé, où je demeure; je vous ferai voir un » veau que nous mangerons ensemble. — Mais, mon » cher monsieur, répliqua Léon Gatayes, l'été prochain, » votre veau sera un bœuf. »

Au surplus, l'ami d'Alphonse Karr n'a pas tenu longtemps à la musique, du moins en qualité d'exécutant. Un mariage relativement riche avec une Anglaise, mariage qu'il fit de bonne heure, et des goûts modestes le mirent à même de vivre en homme de loisir. Sans être précisément un sportman, selon le sens qu'on donne de l'autre côté du détroit à ce mot pompeux, il ne s'occupait réellement plus que de deux choses : Les courses de chevaux et la critique d'art. Il faut bien noter, en effet, que grâce à l'auteur des *Guêpes*, il avait eu accès dans la presse et pour les deux spécialités que je viens de dire. Ajoutez-y la salle d'armes, dont il a été, un moment, une des notabilités.

Il y a même une halte à faire à ce sujet. Comme on le savait fort galant homme, les gens du monde et les journalistes n'hésitaient pas à se fier à lui en matière de duel. Il eut bientôt, en tant que second, une renommée qui confinait à la popularité. Ce fut même en raison de cette particularité qu'un jour de premier de l'An, Roger de Beauvoir lui fit faire et lui envoya en guise de cadeau d'étrennes un cent de cartes de visite ainsi conçus :

LÉON GATAYES

Le premier des seconds.

Une justice à rendre à l'ancien harpiste de Louis XVIII, c'est que, s'il a souvent été appelé sur le terrain pour assister à des affaires d'honneur, il s'est surtout évertué à les arranger et il a souvent réussi. Nous lui avons même entendu dire ce mot typique : « — Dans la plupart des cas, si l'on se bat, c'est évidemment la faute » des témoins. »

J'ai dit tout à l'heure qu'il avait fini par avoir accès dans la presse parisienne ; c'est là qu'il s'est rencontré avec l'auteur de ce livre. Très peu porté aux choses de la politique, il ne s'occupait dans les journaux que de musique et de sport. Toute autre chose lui était devenue indifférente. Était-il bon critique? J'inclinerais à penser qu'il était un bon connaisseur, mais, à mon gré, il n'a jamais su écrire. Au reste, il faisait bon marché des questions de grammaire.

— Puisque je parle de musique et d'art hippique, disait-il, l'essentiel est que je me fasse comprendre des marchandes de colophane et des gens de manège. Peu m'importe le reste.

L'originalité réelle de son caractère, c'était d'être l'ami d'Alphonse Karr, mais s'il aimait très sérieusement le célèbre romancier, il savait, au besoin, lui indiquer des travers et même blâmer des torts. Étant armé d'une forte dose de bon sens, il s'appliquait à le redresser et la jolie anecdote qui suit sera la preuve de ce que j'avance. — Il est bien entendu que la connaissance de ce trait ne m'est venue que par Léon Gatayes lui-même qui a été aussi un peu mon ami, surtout dans les dernières années de sa vie.

Il y a quarante ans de cela, l'auteur de *Sous les Tilleuls* ne quittait pas les abords de cette falaise d'Etretat qu'il a si magnifiquement décrite dans plusieurs de ses romans. Comme il gagnait 30,000 francs, au bas mot, avec les *Guêpes*, il lui était facile d'agrandir et d'orner la jolie petite maison de Sainte-Adresse, si connue depuis lors de tous les Parisiens qui vont se promener aux bords de la mer.

Le jardin surtout était l'objet de sa constante sollicitude.

Ce jardin, nous le connaissons tous sans l'avoir jamais vu. Pas un arbre vert, indigène ou exotique, pas un espalier qui n'ait défilé devant nous. Pas une plante ou une touffe de fleurs qu'on ne se soit représentée en lisant *Clovis Gosselin*. Et le ruisseau qui traverse le jardin ! Vous rappelez-vous ce ruisseau dont le romancier se dégoûte, un matin, parce qu'un peu plus haut, dans une propriété voisine, un Normand l'assujétit à un travail mécanique ?

— Hélas ! dit-il, je n'aime plus mon ruisseau, ni son eau pure, ni l'herbe qui croît sur ses marges, ni son murmure, et vous me comprendrez : on lui fait tourner une roue; on lui fait repasser des couteaux!

En parlant de la petite maison de Sainte-Adresse, Léon Gatayes me racontait plus d'une particularité. Par exemple, il disait qu'il se trouvait, sur le devant, en regard de la porte d'entrée, une pelouse d'assez large dimension, semblable à une corbeille. Toujours parsemé d'un gazon vert-émeraude, ce coin de terre abritait aussi des fleurs et des plantes rares. En été, à la nuit tombante, Alphonse Karr s'y asseyait dans l'herbe, en fumant du tabac de Smyrne dans une longue pipe en cerisier d'Arménie.

Une certaine année, Léon Gatayes était venu de Paris à Etretat afin de goûter le cidre nouveau.

On touchait à avril.

Déjà les haies se couvraient d'une riche mantille de feuilles vertes. D'heure en heure, la sève rompait les boutons des arbres et les corolles s'ouvraient.

L'auteur de *Geneviève* montra avec orgueil le jardin à son ami. Il lui fit côtoyer le ruisseau, vierge encore de toute servitude industrielle, pas de coutellerie. De là, ils allèrent à la pelouse dont je viens de vous parler.

— Tiens, dit le romancier au musicien, voici des violettes mauves; c'est une espèce rare, qu'on ne connaît pas encore en France. Un pied vaut vingt francs. M. Z..., horticulteur du boulevard Montparnasse me l'a gracieusement envoyé. Ainsi ce trésor ne me coûte pas un sou.

Ici Léon Gatayes ne put se défendre de sourire, en signe de doute.

— Pas un sou, je te jure, reprit Alphonse Karr.

Pour toute réponse, le harpiste hocha la tête ; puis, tirant de sa poche un petit calepin en maroquin rouge, il s'apprêta à crayonner des chiffres sur un feuillet en peau d'âne.

— Je ne demande que dix minutes, ajouta-t-il, pour te prouver, arithmétiquement, que ton pied de violettes gratuites te coûte les yeux de la tête. Seulement, ne m'interromps pas dans mon énumération.

— Va ton train, dit le jardinier.

Sur ces derniers mots, Léon Gatayes, qui était le bon sens même, écrivait le compte qui suit.

Ayant eu le calepin entre les mains, j'ai pu transcrire, mot à mot, tout le compte si scrupuleusement détaillé.

1° M. Z..., horticulteur de Paris, écrit à M. Alphonse Karr, à Etretat (Seine-Inférieure), qu'il va lui faire une surprise. En homme poli; il n'affranchissait pas sa lettre (ce n'était pas la mode en 1840, époque où le timbre-poste n'était pas encore inventé). Il faut donc d'abord inscrire trente centimes, ci. . . . . » 30

2° Durant tout le jour, Alphonse Karr, dans l'attente, s'est dit : « Ah ça, quelle surprise Z... » peut-il me faire ? M'envoie-t-il des azalées du » Japon ou une tulipe de la Chine ? » Pour toi, c'est une distraction de tous les instants. Le roman que tu achèves pour la *Revue des Deux-Mondes* s'arrête court à son avant-dernier chapitre. C'est 300 fr. que ce loisir te fait perdre en une seule journée. Inscrivons donc. . . . 300 »

3° Le lendemain, on sonne. Voilà un commissionnaire, et avec lui une caisse de petite dimension; c'est la violette. Tu es aux anges. Tu sautes de joie. Tu embrasses l'homme et tu lui donnes cinq francs de pourboire, ci. . . . 5 »

4° Le commissionnaire parti, tu contemples l'envoi. Deux heures d'extase. « Ah ! la belle fleur ! » Vingt francs, au bas mot, ci. . . . 20 »

5° Ce pied de violettes a besoin de soins extrêmes comme un enfant nouveau-né. Tu hèles Frédéric Bérat, qui est en ce moment au Havre. Tu lui envoies un mot : *Viens donc m'aider à soigner un pied de violettes.* Tout cela, message et temps perdu, te coûte deux francs, ci. . . 2 »

6° Croyant qu'il s'agit d'un grand service à te rendre, Frédéric Bérat arrive à la chute du jour ; c'est l'heure du dîner. On se met à table. Sans faire d'*extra*, il faut bien traiter un ami tel que le célèbre faiseur de romances. Prenons que cela ne te coûte qu'une rallonge de cinq francs, ci. 5 »

7° Le lendemain matin, il s'agit de commencer l'éducation du pied de violettes. Toute une journée de perdue pour le travail littéraire. Je ne veux la mettre qu'à cent francs, ci. . . . 100 »

8° Quand la violette est plantée, quand Frédéric Bérat est reparti pour le Havre, tu te dis : — *Un pied de violettes, c'est joli ; mais s'il venait à ne pas réussir, ou bien si l'on me volait ? Il m'en faut absolument un autre,* — *en cas d'accident.* — Et tu prends la résolution d'aller à Paris, boulevard Montparnasse. — Préparatifs de départ, vingt-cinq francs, ci. . . . . 25 »

9° Voyage ; c'est long (puisqu'il n'y a pas encore de chemin de fer). Temps et argent perdus, cent vingt-cinq francs, ci. . . . . 125 »

10° — A la nuit tombante, tu arrives à Paris, à l'hôtel Montmorency. Chambre pour trois jours, service compris, vingt-cinq francs, ci. . 25 »

11° Ta première parole, en te retrouvant à Paris, est : *Il faut que j'écrive à Gatayes.* — Messager en route, un franc, ci. . . . . 1 »

12° Nous dînons ensemble, plus Roger de Beauvoir, que j'ai rencontré en chemin et que j'amène; avec l'auteur du *Chevalier de Saint-Georges*, il n'y a pas de repas sans champagne; c'est trente francs, ci. . . . . 30 »

13° Après dîner, promenade sur les boulevards. On rencontre vingt vieux amis. Il faut prendre des glaces, du punch, un sorbet. Ne posons que dix francs, ci. . . . . 10 »

14° Journée du lendemain, taillée sur le même patron que celle de la veille; plus, achat de quelques bagatelles, cent francs, ci. . . . 100 »

15° Soirée de la susdite; départ (tu emportes enfin le second pied de violettes)... Cinquante-cinq francs. . . . . 55 »

16° Retour à Sainte-Adresse. Sur le seuil de ta petite maison, tu trouves deux pêcheurs de soles, tes amis. Tu les invites à baptiser ta nouvelle fleur. Encore dix francs, ces pêcheurs de Normandie étant intrépides buveurs, tu le sais bien. Dix francs, ci. . . . . 10 »

Total très modéré, mais très exact : huit cent trois francs trente centimes, ci. 803 30

Ainsi parla Léon Gatayes.

— Je suis père de famille, poursuivit-il, ce qui me fait une loi de bien chiffrer.

Alphonse Karr regarda un moment le calepin.

— Au fait, tout cela me paraît être d'une exactitude irréprochable, s'écria-t-il.

Un pied de violettes (qu'on en mette deux, — si l'on veut) huit cent trois francs trente centimes, — c'est plus de dix arpents de terrain en Basse-Bretagne.

C'est deux fois la dot d'une jolie fille en Picardie.

C'est à peu près le prix qu'a rapporté *Gil Blas* à Lesage.

Il est vrai qu'Hésiode, un grand poète d'autrefois, a dit dans ses vers :

« La petite fleur des champs vaut mieux que la perle qui couronne le front des reines. »

Les fleurs ! Il arriva un jour où le romancier et le musicien ne s'entretenaient plus d'autre chose.

Après le coup d'État de 1852, lorsque Alphonse Karr s'exila à Nice, qui n'était pas encore une ville française, il cherchait par tous les moyens possibles à y attirer son ami.

Léon Gatayes nous a montré alors une lettre dans laquelle se trouvait le passage suivant :

« Voyons, viens donc à Nice. Tu ne peux pas te faire
» une idée du pays que c'est. Figure-toi que si, le soir
» de ton arrivée, tu plantais ta canne dans mon jardin,
» le lendemain, au lever du jour, tu verrais qu'il y a
» poussé des roses.

» ALPHONSE KARR. »

Léon Gatayes est mort en 1880, par hasard.

XXI

UNE FEMME SOUS LES SCELLÉS

Très peu de temps avant la guerre, une des petites Républiques rousses de l'Amérique espagnole voulut se donner le luxe d'un ambassadeur à Paris. Voilà pourquoi on vit, un jour, entrer dans nos murs une sorte de sang-mêlé qui répondait au nom de don Federigo Ximenés. Ce jeune matador, fort bien campé sur ses jambes, parcourut la grande ville en se promettant d'y vivre en héros de roman. Pour commencer, il installa la petite ambassade près du parc Monceau, dans un assez joli hôtel, sis entre cour et jardin.

Don Federigo Ximenés avait-il réellement du sang d'hidalgo dans les veines? On ne sait pas au juste. Tout ce qu'on peut dire c'est qu'il faisait fort bonne mine au milieu des fous de Paris, très nombreux à cette époque. Néanmoins, au bout de six mois, la chronique était forcée de reconnaître que la liste de ses fredaines n'était pas longue. L'ambassadeur de la petite République paraissait n'aimer qu'une femme à la fois, et cette femme était la Dame de pique, cette reine de carton, qui, de temps immémorial, a trompé tous ses amants les uns après les autres.

Une nuit de mars, don Federigo Ximenès s'attarda au Cercle impérial. En ce temps-là, l'endroit était un tripot doré où, à l'heure du crime, on jouait un jeu d'enfer. Notre ambassadeur était en déveine. Suivant la coutume de ceux que la *guigne* aveugle, il perdit et s'emballa. En une heure, il avait vidé son porte-monnaie, ses poches, sa réserve. Il joua mille louis sur parole et il perdit encore. Il aurait certainement perdu ses deux oreilles, si, comme l'or légal, elles eussent été contrôlées à la Monnaie.

Mille louis pour le ministre plénipotentiaire d'une République de trois sous, c'était grave.

En rentrant chez lui, le décavé inspecta son ambassade, pour voir s'il n'y trouverait pas un peu d'argent. Peine perdue. Pour subvenir aux caprices de la Dame de pique, tout avait déjà été *lavé*.

Il ne restait plus, sur la cheminée de la salle d'attente, que le buste en bronze de l'illustre Bolivar, l'émancipateur des peuples; mais c'était un ornement sacré auquel nulle main ne devait toucher sous aucun prétexte. Et d'ailleurs cet objet d'art ne valait pas plus de deux cents francs. La belle avance !

Que faire ?

Une averse de papier timbré tombait, ce matin même, sur l'ambassade.

Dix fournisseurs réclamaient leur dû dans un effroyable concert.

Ne pouvant payer ni les dettes d'honneur, ni les dettes criardes, don Federigo s'avisa d'un stratagème il se fabriqua à lui-même un télégramme impératif. La petite République rousse l'appelait à trois mille kilomètres de Paris, sous prétexte de crise gouvernementale. Il fit donc une valise et fila sur l'autre hémisphère.

Mais en fonctionnaire prévoyant, le fugitif avait laissé son poste à un secrétaire qui était un autre lui-même. Nous avons nommé Evariste Glandier, bien connu dans le pays de Bohême.

Celui-là était un viveur de deuxième ordre, comme il y en a par milliers sur le pavé de Paris. Imaginez un *fruit sec* des lettres, des arts, du théâtre et de tout ce qu'il vous plaira. Pour remplir ses fonctions, on était sensé lui donner deux mille cinq cents francs par an. C'était une somme fantastique, qu'on ne lui payait qu'en rubans à mettre à la boutonnière et en bâtons de cire à cacheter. Mais après tout, cela devenait une position. Secrétaire d'ambassade, ces deux mots faisaient bien sur une carte de visite. Grâce à ce titre, Evariste n'était plus le premier venu. Il avait du crédit. Bien mieux, il avait des femmes. Ce fut avec ça qu'il séduisit le cœur de madame Régina, l'épouse d'un gros carrossier du coin.

Ne disons pas de mal de madame Régina. Tout Paris sait que c'est une belle brune, avec de grands yeux bleus et une très douce philosophie. En effet, la femme du carrossier croit qu'on n'a pas été formé de chair et d'os pour faire l'amour platonique. Elle avait vu Evariste, assez beau garçon après tout; elle l'avait aimé et s'était fait aimer de lui. Quoi de plus parisien ?

Tous les jours, sous l'ingénieux prétexte de savoir où en était le commerce de la carrosserie dans le Nouveau Monde, la jolie voisine entrait à l'ambassade et faisait oublier à Evariste les ennuis de la vie administrative.

Or, il y avait trois jours que le plénipotentiaire était parti.

Ce matin-là, les deux amoureux, Evariste et Régina, se tenaient dans la chambre principale, occupés à conjuguer le plus doux des verbes. Tout à coup, un bruit de sonnette se fit entendre. Ah ! la sonnette de Paris, c'est souvent le tocsin pour ceux qui s'adorent en fraude.

En même temps, un valet accourait tout effaré.

— Qu'y a-t-il donc, Gervais ?

— La justice, monsieur ; la justice !

Effectivement c'était une copie en taille douce de Minos, d'Eaque et de Rhadamante, c'est-à-dire le juge de paix de l'arrondissement, son greffier et son huissier.

— Allons, s'écria madame Régina au comble de l'effroi, je suis une femme perdue !

— Point du tout ! riposta Evariste Glandier.

Et il poussa à la hâte sa maîtresse, plus morte que vive, au fond d'une armoire.

— Monsieur, dit le magistrat en entrant, nous venons ici pour apposer les scellés par suite du départ... inattendu de M. l'ambassadeur.

On procéda donc à la description sommaire de ce que contenait l'ambassade. Le juge de paix prenait une à une les clefs des différents meubles. Après quoi, le greffier et l'huissier posaient sur les serrures un cachet de cire rouge, les scellés.

Qand on arriva à l'armoire où l'autre Pâris avait caché son Hélène, le magistrat se disposait à l'ouvrir; mais Evariste se précipita, afin de l'en empêcher.

— Mon Dieu, monsieur, c'est sans doute là que vous renfermez vos effets? Allons, c'est bien; reprenez-les tout à votre aise. Nous ne voulons pas vous en empêcher.

Et déjà il se disposait à ouvrir l'armoire.

— Non, non! s'écria le malheureux secrétaire hors de lui. Il n'y a rien à moi là-dedans !

— En ce cas, on va y apposer les scellés, comme partout.

Ce fut donc ce qui se fit.

*
* *

A dix minutes de là, lorsque l'opération fut terminée, le cortège extra-judiciaire se retira, laissant le malheureux Evariste gardien des objets mis sous la main de la justice. Toutefois, avant de sortir on lui donna la lecture de l'article 252 du code pénal, ainsi conçu :

ART. 252. — *Les coupables de bris de scellés seront punis de six mois à deux ans d'emprisonnement et, si c'est le gardien lui-même, il sera puni de deux à cinq ans de la même peine.*

Dès que les deux amants furent seuls, ils se désespérèrent, ainsi qu'on le pense bien.

— Ouvrez-donc, Evariste, ouvrez ! dit la dame d'une voix étouffée.

Mais aux supplications de madame Régina, le secrétaire répondait par le texte de l'article 252.

— Mais, Evariste, il n'est pas possible que je demeure dans cette armoire! Ouvrez donc! ouvrez sans retard, je vous l'ordonne!

— Impossible.

— Pourquoi?

— Je serais passible de deux à cinq ans de prison.

— Evariste, ne m'avez-vous pas dit cent fois que vous braveriez la mort pour moi?

— La mort, oui; la guillotine, la fusillade, la corde, tout ce que voudrez; mais pas cinq ans de prison pour bris de scellés.

— Evariste, vous n'êtes donc pas un homme de cœur?

Bref, on se lamentait, mais on ne prenait aucune résolution.

Cependant la nuit approchait, montrant déjà les plis de sa mantille noire.

Madame Régina se rappelle qu'elle est une femme mariée. Elle ne peut passer la nuit hors de son domicile. Elle serait à jamais perdue de réputation. Et puis, le carrossier prendrait la chose du mauvais côté. Il ferait du scandale. Il plaiderait en séparation de corps.

— Evariste! Evariste!

— Quoi donc?

— En admettant que mon mari ne me tue pas, reprit-elle, j'en mourrai de honte et de chagrin.

Et, en pleurant, elle ajoute, sur le ton de la colère:

— Evariste, c'est vous qui êtes responsable de tout ce qui arrive; c'est vous que je maudirai toute ma vie!

Or, après s'être creusé la tête, le secrétaire ne vit plus qu'un parti à prendre.

C'était de tout confier au juge de paix.

Il se jeta donc dans une voiture et courut chez le magistrat, mais il y avait malchance dans toute cette affaire.

Par hasard, le digne homme dînait en ville.

Nouvelle course, nouveaux retards.

— Ah! comme Régina doit se morfondre dans son armoire! se répétait-il de minute en minute.

Toutefois il parvint à rencontrer le représentant de la loi.

— Monsieur le juge, lui dit-il, vous souvenez-vous d'avoir eu vingt ans jadis?

— Sans doute. C'était sous le dernier ministère du comte Molé, règne de Louis-Philippe. Ah! ma jeunesse!

— Eh bien, c'est au nom de vos vingt ans que je prends la liberté de vous parler. Vous avez été jeune, vous allez me comprendre.

Et, sans rien céler, il lui raconta toute l'aventure.

— Et cette dame est toujours dans cette armoire?

— Hélas! oui, monsieur le juge, toujours.

— En ce cas, courons trouver le greffier qui la débloquera, en une minute.

Madame Régina fut donc rendue à la liberté. Elle sortit, mais en regardant de travers le secrétaire d'ambassade.

— Evariste, lui dit-elle, vous avez perdu pour toujours la clef de mon cœur.

P.-S. — Pour se consoler, Evariste s'est mis à écrire des livrets d'opéra.

— Je fais, dit-il, des cantilènes pour le Mozart de l'avenir.

XXII

UN MARIAGE AU PIANO

Paris est, par excellence, la ville de la musique; Milan, Naples et Vienne n'arrivent qu'après, c'est-à-dire au second rang. « — Paris ! s'écriait le père Fétis, le patriar-
» che des critiques d'art; Paris ! on y mange du matin
» au soir des symphonies et de la colophane. »

Il ne parlait que des violons, des violes d'amour, des violoncelles, des harpes et des cithares, n'osant pas aborder la question des pianos.

Ah ! les pianos de nos jours, quelles tempêtes !

Suivant le dernier relevé fait, cette année, par la statistique, les pianos de Paris s'élèvent à quatre cent cinquante-sept mille. Notez bien que, dans le périmètre mesuré, on ne comprend ni Neuilly, ni Auteuil, ni Clichy-la-Garenne.

Quatre cent cinquante-sept mille pianos d'où s'échappent sans cesse des torrents d'harmonie ! Nul ne saurait nier que c'est là un progrès sur le règne de François Ier, où l'on ne trouvait dans l'enceinte de la ville que dix-sept violons et huit petites flûtes. Un très grand progrès, je ne veux pas dire le contraire, mais c'est aussi un incessant motif de querelles de voisins à voisins.

« Décidément je m'exile de Paris qui devient de plus
» en plus Pianopolis, écrivait le doux Félicien David à
» l'un de ses intimes. Je me sauve de peur de devenir
» assassin. Il y a des moments, en effet, où j'ai une
» forte envie d'égorger un monsieur qui demeure au-
» dessous de chez moi et qui, sur son Erard, joue dix
» fois par jour le *Lac* de Lamartine, mis en musique
» par un profane. »

Que d'autres emportements homicides cause le piano !

Parfois, aussi, cette fureur prend une autre allure. Voilà comment on a pu voir un mariage causé par le piano. — De la mort ou du mariage lequel choisiriez-vous ?

Rue d'Anjou, aux alentours du boulevard Malesherbes, la veuve d'un conseiller d'État élevait sa fille de façon à en faire l'ornement de la société, comme on dit chez les notaires. Naturellement elle l'avait dressée à jouer de cet instrument souvent si perfide. En guise de circonstances aggravantes, la demoiselle était fanatique de Schubert, l'auteur des *Ballades*. Elle aimait très passionnément aussi les chefs des autres écoles. Tous les jours, sans exception, assise sur le tabouret de palissandre, comme la pythonisse de Delphes sur son piédestal, elle jouait avec furie une vingtaine de chefs-d'œuvre des maîtres.

Œuvres du génie, vous charmez le cœur, mais souvent aussi vous déchirez les oreilles.

Un jour, la veuve reçut la lettre suivante d'un jeune artiste, son voisin, habitant la même maison qu'elle.

« Paris, le 15 octobre 1881.

« Madame,

« Je suis compositeur de musique. Je travaille jusqu'à trois heures de la nuit. Or, chaque matin, sans faute, mademoiselle votre fille me réveille par une marche funèbre d'Hector Berlioz. Toute peine mérite salaire. Je vous offre donc, madame, le prix de cette leçon, suivant mes faibles moyens. Convenez que je serais bien ingrat si je ne reconnaissais ainsi tant de dispositions musicales et matinales.

» Si la *Marche funèbre* continue, je continuerai aussi de mon côté l'envoi de cette faible rétribution.

» Veuillez agréer, madame, l'assurance de ma considération distinguée.

» OCTAVE DU DRESNEL,
« Artiste. »

A cette missive était jointe la modique somme de cinquante centimes, une petite pièce blanche.

Imaginez la tête de la mère, si vous pouvez.

— Cinquante centimes à Valentine! Dix sous ironiquement envoyés à ma fille, premier accessit de piano au Conservatoire! Voilà une indignité! Ce M. Octave Du Dresnel est un impertinent!

Dans le premier moment, on voulut renvoyer les cinquante centimes au trop susceptible artiste; mais le compositeur se tenait sur la défensive. Il fermait sa porte avec fracas. Il prenait des airs de hérisson. Il affectait de ne pas répondre aux coups de sonnette.

Quand la veuve et la fille descendaient l'escalier, si elles venaient à faire sa rencontre, elles lui lançaient des regards pleins de furie. Quelque chose comme des coups de foudre.

Du reste, la guerre sourde continua de plus belle.

En effet, la jeune virtuose recommençait, chaque matin, à éveiller le compositeur en jouant la *Marche funèbre*. Ce dernier ne manquait pas de la remercier de même, tous les matins, de sa politesse, en lui envoyant par le portier la pièce de cinquante centimes enveloppée dans du papier de soie.

Ainsi, les hostilités étaient fortement entretenues des deux côtés.

Cependant, un mois et demi s'écoula, puis deux mois. Un grand évènement s'était produit. L'artiste donna un joli petit opéra à Feydeau. Cet ouvrage réussit.

A la première représentation, où elle se trouvait par hasard, la jeune musicienne battit des mains. Elle ignorait qu'il s'agit de l'œuvre de son voisin. Lorsque Capoul vint le nommer, elle faillit se trouver mal de surprise et de colère.

— Eh quoi ! c'est ce pierrot-là qui a fait la *Conspiration des Coquecigrues*, cet opéra à mettre sur le rang du *Châlet ?*

Elle n'en revenait pas.

Au souvenir de ce qui s'était passé, elle se sentait, en outre, profondément humiliée.

Tout d'un coup, l'idée lui vint de se venger de cet incivil voisin.

Elle était résolue à le molester à son tour; d'ailleurs, les envois métalliques pesaient trop sur sa jeune mémoire. Elle lui renvoya donc toutes ses pièces de dix sous dans une petite boîte de carton où d'ordinaire elle mettait des pains à cacheter.

Cela faisait en tout une quarantaine de francs.

« Monsieur, écrivit-elle, il en coûte toujours cher de faire jouer un opéra. J'ai pensé que vous pourriez avoir besoin d'argent, ne fût-ce que pour acheter des bouquets à vos actrices. Ainsi je vous renvoie votre pécule. Le voici dans la petite boîte ci-incluse. Quant à jouer du piano après vous ou devant vous, auteur de la *Conspiration des Coquecigrues*, c'est impossible. Je n'ai pas assez de talent pour m'escrimer auprès d'un maître, et je me félicite de quitter, le 15 ce mois, la maison que vous habitez.

« Veuillez agréer, monsieur, etc., etc.

« Jeanne de F... »

Cette lettre fit réfléchir le Rossini en herbe; il n'y répondit que le soir. Il est vrai qu'il avait passé la journée à prendre des informations sur sa belle correspondante.

Mademoiselle Jeanne de F... n'était pas seulement une jolie personne blonde, blanche, avec une bouche rose et des yeux bleu de mer ; elle était en outre fort bien apparentée et avait une dot qui n'était pas à dédaigner.

Octave Du Dresnel se recueillit donc et répondit :

« Mademoiselle,

« En vérité, vous êtes trop modeste. Le peu d'argent que j'avais placé chez vous, je l'ajoute, si vous voulez bien, à trois cent mille francs que vient de me donner mon oncle de Blois, lequel, en cas de chute m'eût donné sa malédiction. Si mon opéra a réussi, c'est que vous avez bien voulu l'applaudir. Fin finale, je vous offre ma main et quinze mille livres de rente. »

A un mois de là, après les formalités légales, le mariage a eu lieu à la Madeleine.

A quelque chose piano est bon.

Tout cela finit à la manière d'un conte de Berquin; néanmoins, il ne faut pas perdre de vue un mot du docteur Cabarrus, le médecin des artistes.

— Quand un musicien épouse une musicienne, il y a cent chances pour une que les enfants à naître de cet accouplement aient la danse de Saint-Guy.

XXIII

L'HOMME QUI VOUS DÉSILLUSIONNE

— Celui-là ? Le pire des gêneurs !
— Mon Dieu ! mon cher, vous ne pouvez faire dix pas dans Paris sans le rencontrer.

On vous a donné un billet pour un concert. Il s'agit d'aller entendre le grand pianiste du jour.

Salle Herz, rue de la Victoire, un fauteuil numéroté.

Toutes les célébrités musicales sont là, car, dans cette ville étrange, il y a plus d'illustrations en tout genre que de pavés.

Dès que vous êtes assis, la fête commence. Ah ! cette douce musique réveille en vous un monde de souvenirs. — Quand vous étiez jeune au Pays Latin, c'était dans cette gamme-là que vous vous figuriez celle que vous aimiez. Un certain jeudi, en été, vous êtes allé faire avec elle une promenade dans les bois de Meudon, sur la mousse. Mille oiseaux chantaient alors sur la branche verte et fleurie des arbres. Pour sûr, ils ne chantaient pas mieux que ces artistes au gosier divin que vous écoutez en ce moment. Il y a là, surtout, une cantatrice aux cheveux blonds qui paraît laisser tomber des perles de sa bouche.

Vous voilà emporté sur les ailes d'une soudaine rêverie. Eh bien, au plus beau moment, lorsque vous touchez à l'extase, tout à côté de vous, sur le fauteuil qui touche au vôtre, un inconnu à gros ventre, qui mâche du jujube, afin d'étouffer les restants d'un rhume de cerveau, rit brusquement de votre enthousiasme et, en regardant la belle chanteuse :

— Ça, une fauvette ? Ah ! non, par exemple ! Une toupie de Nuremberg, tout au plus ! Un vrai sabot, monsieur !...

Qu'y aurait-il à faire, je vous le demande ? Se fâcher ? Relever avec verdeur cet impertinent ? Eh ! voyons, s'il faut vous prendre de querelle avec tous les échappés de chez le docteur Blanche que le hasard poussera sur vos pas, convenez que vous aurez fort à faire. En ce cas, dites tout de suite que vous vous sentez de taille à vous mesurer avec une armée entière, et avec une armée de têtes folles, encore !

Non, vous vous comprimez, vous vous taisez, vous cherchez à écouter de votre mieux, en dépit de cette critique cent fois injuste et plus brutale que ne le serait celle d'un Hottentot. Mais l'homme continue. Et cette fois, ce n'est plus à la cantatrice qu'il s'en prend, mais à ce qu'elle chante.

— Comment ! comment ! pas une idée musicale ! Est-ce que vous trouvez ça joli, vous, monsieur ?

Quelle phrase d'Allobroge ! Ah ! c'est le vieux refrain : *Marie, trempe ton pain*, et défiguré, ce qui est plus fort !

Sur un signe de mécontentement formulé par vous-même et par d'autres auditeurs plus bénévoles, il se tait. Blessé, il se lève, et il vous fait le plaisir de se retirer. N'importe ! votre rêverie de tout à l'heure s'est envolée et ne reviendra plus. Mieux que ça : à travers cette modulation qui étreignait votre pensée, qui allait faire jaillir par vos yeux toutes les larmes de votre cœur, vous ne distinguez plus qu'un motif : *Marie, trempe ton pain*. Pardieu ! vous cherchez à vous révolter contre votre faiblesse, mais c'est en vain. A mesure que la belle personne poussait sa cantilène, vous vous disiez :

— Dame, c'est vrai, après tout : ce thème-là, c'est *Marie, trempe ton pain dans la sauce !*

C'est un gêneur qui, dans la finale du deuxième acte de la *Favorite*, a découvert une réminiscence de de l'air : *Toi qui connais les hussards de la garde, n' connais-tu pas l' trombonne du régiment ?*

Au Bois, en mai, la mode est de courir à cheval jusqu'à la cascade.

Un soir, dans une calèche, vous admirez un ange dont les blanches ailes sont délicieusement figurées par une robe immaculée. Des grappes de cheveux noirs encadrent cette séraphique apparition. Quoique ce soit de loin, vous avez le cœur brûlé par un rayon descendu de ses vaporeuses prunelles. Un coup d'éperon au ventre de votre cheval vous rapproche de l'équipage fuyant. Galopez ! galopez ! Quelque rapide que soit votre course, vos rêves iront plus vite encore. N'est-ce pas là celle que vous avez toujours appelée?

— Quelle peut être cette jeune femme? Il me semble l'avoir déjà vue, un soir, à une reprise de la *Juive*.

En même temps, une voix de rogomme part de dessous les grands acacias de l'allée.

— Cette pécore! s'écrie un homme en veston qui fume du caporal dans une pipe culottée; en voilà des manières! Eh! pardieu! c'est la fille de ce coquin de Ratel, qui, d'une entreprise de vidange, est allé à la Bourse, où il s'est fait loup-cervier. Jolie silhouette de mijaurée; mais il faudrait aussi épouser le papa!

— Très vrai, répond un interlocuteur, lequel a, lui, un stick à la main. Pas un iota à retrancher de ce que vous venez de dire, monsieur!

Mon pauvre cavalier, cette fois, au lieu d'un gêneur, vous en avez rencontré deux. Rencontrer des yeux toujours pressés de faire l'opération de la cataracte, c'est-à-dire de vous désillusionner en vous montrant les choses telles qu'elles sont, voilà ce qui se voit cent fois par jour.

Ceux qui savent retourner un beau fruit velouté pour vous mettre l'œil sur le côté par où le ver s'est introduit;

Ceux qui, à table, vous disent sans cesse : — « Bon plat, mais qui mène tout droit à l'indigestion »;

Ceux qui, dans les œuvres de l'auteur en vogue, cherchent le défaut de la cuirasse, ou la collaboration anonyme, ou le plagiat;

Ceux qui disaient, en parlant du plus fécond des écrivains de la génération de 1830 : — « Alexandre

Dumas n'est pas l'auteur de tous ses romans : la vie d'un homme n'y aurait pas suffi. » A la vérité, dans le même temps, en voyant les succès répétés du fils : *Diane de Lys* et le *Demi-Monde*, les mêmes disaient : — « Êtes-vous simples ! Ne voyez-vous donc pas que les pièces d'Alexandre Dumas fils sont faites par Alexandre Dumas père ? »

Ça faisait deux négations. — O *désillusionateurs !* deux négations, dit le rudiment, valent une affirmation.

A la tête de ceux qui font profession de désillusionner, mettez l'homme qui, au théâtre, n'est jamais content de rien ni de personne.

— Pauvre nouveau venu que vous êtes, qui voyez l'*Ours et le Pacha* pour la première fois, vous trouvez la pièce passablement jouée ? Ignare que vous êtes ! Gil Pérez vous satisfait. Ah ! si vous aviez vu Odry !

A dix ans de là, à une nouvelle reprise :

— Laissez-moi donc tranquille avec votre Lassouche ! Celui qu'il fallait voir là-dedans, c'était Gil Pérez !

XXIV

CHANSON DES PAYSANS DU BERRI [1]

UN RÊVE

I

Je couche sur un lit fait avec de la bruyère, des plumes de pinson et quelques feuilles de marjolaine.

Si vous saviez comme je dors bien là-dessus !

Cette nuit j'ai rêvé. Ah ! le rêve étrange que j'ai fait sur mon lit rustique !

Vent du soir, toi qui fais baisser la tête des belles de nuit, porte donc l'image de ce songe à Solange, ma bien-aimée !

[1] Cette chanson, en vieux français, à très peu de chose près conçue telle qu'elle est arrangée dans ces pages, a été recueillie par l'auteur, en 1886, dans les cantons du Haut-Berri qui avoisinent le Bourbonnais.

II

Il fleurissait dans mon jardin, près de la petite maison, il fleurissait une rose double, qu'on appelle : la *Rose des bergers*.

Tout à coup, au moment où je m'y promenais, mon jardin s'agrandissait jusqu'à ressembler pour l'étendue à une prairie des bords du Cher.

Le Cher, vous savez, c'est cette jolie rivière, toujours bleue, parce qu'elle reflète la couleur du ciel ; le Cher se jette dans la grande Loire.

Vent du soir, toi qui pousses les colombes à rentrer dans leur nid, caresse donc de tes ailes les joues de Solange, ma bien-aimée !

III

Le jardin ainsi allongé, élargi, agrandi, le *Rosier des bergers* prit un développement rapide et bizarre.

En moins d'un instant, il poussa à vue d'œil et devint gros comme un chêne de la forêt.

— Ah ! m'écriai-je tout étonné.

Je regardai encore, et je vis une chose encore plus étonnante.

Les roses qui poussaient aux branches avaient l'envergure des choux.

Vent du soir, toi qui rafraîchis le laboureur qui vient de quitter la charrue, va murmurer dans les cheveux de Solange, ma bien-aimée.

IV

Tout à coup, tenté par le malin ou emporté par l'amour, je me fis voleur.

Oui, voleur; oui, car je cueillis à l'arbre une rose, sachant bien qu'une fleur si prodigieuse n'était pas à moi.

Je la coupai avec mon couteau, et je m'apprêtai à la porter à celle que j'aime. Mais, au même instant, cette rose grosse comme un chou se changea en nid de piverts, et ces piverts, oiseaux moqueurs, se mirent à rire de moi et de mes folles tendresses.

Vent du soir, toi qui rends la raison à l'insensé, va dire à Solange, ma bien-aimée, qu'elle m'a trahi, que je le sais, et que pourtant je l'aime toujours.

XXV

LA POLKA DÉSAVOUÉE

La polka est formellement désavouée.

Voilà quarante-cinq ans que Paris danse je ne sais quoi qu'il a cru être la polka, et Paris n'a jamais su un seul instant ce qu'il dansait.

Tous, tans que nous sommes, nous avons célébré la gloire du professeur Cellarius.

Je vous le dis, l'astre de Cellarius est sur le point d'être éclipsé.

Le Paysan du Danube, petit journal allemand, nous dit ce matin que l'auteur réel de la polka est M. Raab.

Pour que vous le sachiez, M. Raab est né natif de Vienne en Autriche.

Nota. — Ne pas confondre avec Vienne en Dauphiné, pays de M. F. Ponsard.

Celle dont je m'occupe en ce moment est la patrie des valses de Strauss et des petits pains de la rue Richelieu.

M. Raab y dirigeait un bal dans le goût du jardin Mabille. Il avait très peu de réputation; aussi fut-il appelé à Prague pour diriger les ballets du théâtre de cette ville.

Un jour, en flânant dans un village germain-slave, cet artiste observateur vit des lanciers polonais danser avec de jeunes Bohémiennes.

Chaque groupe de danseurs, obéissant pourtant à la même musique, exécutait la danse de son pays. De là, deux danses nationales en présence, se faisant des concessions mutuelles, se fondant l'une dans l'autre.

Du mélange il résulta la polka, prise sur nature par M. Raab.

— Pardieu, se dit M. Raab, il est des gens qui font leur fortune avec une seule chose; Isaac Newton a trouvé l'attraction, un filleul d'Euler a imaginé le cerf rôti à la gelée de cerises, M. Leverrier a inventé une planète. Qu'est-ce que c'est que tout ce que je viens d'énumérer auprès d'une danse moitié Pologne, moitié Bohême, intitulée *la Polka*?

Dans son enthousiasme, il s'empara d'une chaise qui lui servit de vis-à-vis, et il se mit à formuler sa danse.

— La polka est le 89 de la chorégraphie! s'écria-t-il.

Cette danse lui parut neuve et consolante. Il l'inaugura sur le théâtre de Prague avec le costume polonais et bohémien combiné; puis il lui prit fantaisie de l'expédier à Paris.

M. Raab se fit lui-même l'expéditeur. — Par correspondance.

— Comme ça va botter les jambes françaises! dit-il.

Plusieurs années s'écoulent. Deux ou trois révolutions

politiques s'accomplissent. Trois ou quatre guerres s'engagent et se terminent. La tragédie renaît, meurt et revient encore, grâce à M. François Ponsard. La planète de M. Leverrier est perdue, retrouvée, puis égarée de rechef dans les incommensurables campagnes de ce qu'on appelle l'espace céleste. M. Raab, plein de confiance, déjeune, dîne et soupe, étant bien convaincu que ce que danse Paris est la polka, la pure polka une et indivisible.

Sur ces entrefaites, il vient à Paris, va au théâtre et dans le monde, et rentre le soir à moitié fou de chagrin.

— Ah! mon Dieu! dit-il, qu'est-ce qu'ils dansent donc là?

Il regarde, lorgne analyse, interroge, et finit pas voir que ce qu'on exécute à Paris depuis 1845 sous le nom de polka ne mérite aucun nom. Ce sont des mouvements plus ou moins styriens, cracoviens, cachuchiens, mais de la polka, par l'ombre.

M. Raab compose alors un manifeste.

Dans ce document, il se propose de révéler aux contemporains leur erreur pommée sur ce qu'ils ont dansé pendant si longtemps.

— La polka! ils ont cru exécuter la polka!

M. Raab ne peut pas s'empêcher de rire à la façon de Méphistophélès.

— C'est comme des gourmets auxquels on aurait servi avec des bouchons de Moët une bouteille de cidre du pays cauchois.

Je vous laisse à penser si M. Raab émeut les salons de Paris.

Voyez-vous d'ici le remue-ménage qui se fait à ce sujet dans le beau monde!

Il y a déjà trois ou quatre générations de jolies femmes qui ont cru très sérieusement danser la polka, et qui n'auront consacré leur énergie morale et leurs jambes qu'à une danse sans style et sans nom, à une usurpatrice de danse qui est à la polka véritable ce qu'un mince tartan de grisette serait à un grand châle des Indes. — Hélas! Le châle des Indes lui-même est déjà démodé!

On vous nommera des danseurs, disciples de l'illustre Chicard, qui ont appuyé leurs talons sur le parquet des salons les mieux frottés d'encaustique et d'aristocratie, au faubourg Saint-Germain et au faubourg Saint-Honoré et qui n'ont pas plus agi en polkeurs que feu M. Le Verrier, l'astronome, n'a agi en inventeur de planètes.

L'inexorable M. Raab est là pour leur faire voir toute l'étendue de leur illusion.

Parisiens à tête de linotte, non seulement Raab vous expliquera cette mystification par A plus B., mais encore, au besoin, l'un de ces soirs, dans le monde, il prendra l'un de vous par la main et il se mettra à danser publiquement avec lui pour le convaincre *ipso facto.*

Au reste, cette découverte terrible devient, à travers les doux faubourgs, le thème d'une vive élégie. Ceux qui étaient les jeunes beaux à la veille du 24 février pleurent des larmes roses aux pieds de celles qui étaient belles sous le dernier ministère de M. Guizot.

— A quoi pensions-nous donc les uns et les autres?

disent-ils pleins d'effroi. Comment! la polka du règne de Louis-Philippe n'était pas la polka! Y a-t-il à s'étonner, dès lors, si l'on a si vite renversé le gouvernement du vieux roi?

Aussi les brillants cavaliers d'il y a quarante ans, qui ont été l'objet de cette sophistication, ne s'en consolent pas. Plusieurs d'entre eux se seraient déjà fait sauter la cervelle, s'il était encore de mode de se tuer pour des choses sérieuses. Et notez que, depuis Louis XIV jusqu'à la fin de Napoléon III, nous avons, au point de vue de la chorégraphie, une réputation étrange, absolument usurpée. Le globe terrestre, en nous visant, ne cesse de s'écrier :

— Les Français! un peuple de danseurs!

XXVI

QUE DEVIENNENT LES LAURÉATS
DU CONSERVATOIRE?

Un mot, d'abord. En vieux français, lauréat veut dire couronné de laurier. Tous les ans, Paris, ivre d'art, acclame de brillants élèves du Conservatoire de musique. Quand ces élèves sont des apprentis compositeurs, Rameau en herbe, on les couronne censément de lauriers imaginaires sous le dôme de l'Institut, devant leur père ému, leur mère attendrie, leurs amis enthousiasmés. Et, pour le dire en passant, toute démocratique que prétend être, de nos jours, la société française, elle fait un usage assez abusif des couronnes. Est-elle contente d'un livre, sagement écrit, c'est-à-dire froid comme glace; elle couronne le pauvre diable qui l'a composé. A-t-elle à récompenser une belle action? Une cuisinière qui a nourri ses vieux maîtres avec le produit de ses économies ou un nageur qui a sauvé une giletière qui se noyait, près du pont des Arts? Les quatre Académies réunies couronnent le nageur et la cuisinière, et cela nous vaut trois pages d'une petite prose mucilagineuse de M. Ernest Pailleron. Ainsi voilà la mode. On couronne partout, à Paris. Couronnes à l'école, au théâtre, au Palais-Mazarin; et ceci est peu démocratique, parce que la foule ne cesse pas de voir dans la couronne le signe de la royauté. Mais passons sur cette contradiction de nos mœurs et de nos lois. Des contradictions, vous en trouverez à chaque pas. Aussi bien la question n'est pas là Je vais la poser telle qu'elle doit l'être. Que deviennent ces jeunes espoirs de la musique, après avoir été couronnés, pour rire, comme des empereurs romains?

Il est à peu près évident, n'est-ce pas? qu'en entretenant à des conditions onéreuses des Écoles normales de musique en France, le gouvernement de la République a eu la pensée de fournir nos théâtres d'excellents chanteurs et notre pays de compositeurs dignes de rivaliser avec les autres nations. Ah! certes, l'enfer et les gouvernements sont pavés de bonnes intentions. Mais vous allez voir de quelle façon bizarre cette partie du mécanisme social est organisée. Revenons donc à nos jeunes Césars lyriques. Que font-ils, où vont-ils, une fois couronnés?

— Eh? pardine, ils vont à Rome.

— Toujours comme les empereurs de Tacite et de Suétone. Eh bien, que font-ils à Rome?

— Interrogez les touristes et l'*Osservatore Romano*, un journal très bien informé, vu qu'il est rédigé par les R. P. de la Société de Jésus, et vous saurez que nos lauréats passent la vie assez agréablement. La vie est facile à Rome, comme vous voyez. Les jeunes messieurs font leurs trois repas, boivent d'un petit vin de la Pouille très réjouissant, quoiqu'il n'ait pas été chanté par Horace. Ceux qui aiment la chasse vont chasser la caille ou la bécassine dans cet *agro romano* que cet illustre fou de Garibaldi voulait rendre à la culture. Ceux qui préfèrent la pêche à la ligne ont toute l'étendue du Tibre pour satisfaire leur goût. Quelques-uns forment des collections de médailles. D'ordinaire ils se lient avec les jeunes peintres de l'École française, avec les *Prix*, ainsi qu'ils les nomment, et alors l'existence se change en un délice. Promenades à Tivoli, douces conversations sous les platanes des cafés, petits soupers embaumées de tabac, baignés de rosoglio et qui durent jusqu'au jour. La journée commence. Eh bien, les Lauréats dorment. Elle se continue, ils sommeillent. Elle s'achève; ils recommencent le petit souper, le rosoglio et le tabac. Il y en a un ou deux qui racontent les épigrammes au charbon qu'ils ont lues, place Navone, sur la Statue de Pa quin. Et voilà le tableau de leur résidence à Rome.

Pendant ce temps-là, les contribuables du vieux pays des Gaules suent l'impôt sur lequel on prélèvera ce qu'il faut pour les entretenir ainsi dans cette ville enchantée. Chose curieuse, il y a des chevriers des Alpes qui ne mangent jamais que du pain bis et du lait caillé, il y a des ouvriers faisant le blanc de céruse et en mourant, presque toujours, à trente-six ans, il y a des mineurs chargés d'aller chercher la houille au fond des souterrains qui paient la cote personnelle et l'octroi

pour que ces jeunes et jolis messieurs aient le loisir de se goberger, et dans le pays de la Louve, mais comme je ne veux pas faire ici d'élégies socialistes, je m'arrête et je dis : « — Au moins les lauréats de la musique ren-
» dent-ils à la France l'équivalent de ce que le budget
» leur sert ? » Bon ou mauvais, les peintres et les sculpteurs reconnaissent ce que la nation fait pour eux. Ils s'acquittent, par l'envoi de quelques tableaux, de quelques bas-reliefs insignifiants, qu'on remise, à ce qu'il paraît, dans les greniers du Louvre. Sans doute cela ne vaut pas l'argent que cela nous coûte. Cependant il y a intention de reconnaissance, apparence de compensation. Le gouvernement de la République passe pour encourager les arts, les pensionnaires passent pour des peintres ou pour des sculpteurs ; l'orgueil est satisfait au dehors et au dedans. Mais en quoi sommes-nous dédommagés des énormes frais consacrés à envoyer à Rome des lauréats du Conservatoire ?

— Attendez. Il faut, avant tout, achever de vous apprendre ce qu'ils font là-bas. — Une fois ou deux par mois, il leur est permis par le pape d'aller écouter de la musique religieuse dans la chapelle Sixtine. C'est à eux d'user de cette étroite permission et de se former le goût, en écoutant les chefs-d'œuvre de Palestrina et de Paësiello. — En réalité, tel est le seul avantage que l'Italie, où ils sont envoyés, offre à nos pensionnaires. Le trouvez-vous assez grand pour nous indemniser de nos dépenses ?

Si la voix de la raison pouvait être invoquée en une affaire de ce genre, elle nous dirait qu'avec l'argent dépensé depuis plus d'un siècle pour les pensionnaires, on aurait aisément établi à Paris une chapelle aussi bonne, aussi richement fournie en voix et en instruments que la chapelle Sixtine. Elle ajouterait qu'il est passablement paradoxal d'obliger ou de réduire des écoliers de la rue Bergère à écouter de la musique religieuse, du plainchant, après tout, pour revenir ensuite à Paris écrire de la musique amoureuse au profit de l'Académie nationale de musique, ou de la musique spirituelle et galante au compte de l'Opéra-Comique. Qu'après avoir écouté pendant trois ans, d'une oreille recueillie, dans la Sixtine, des messes ou des oratorios, on compose des oratorios et des messes pour Notre-Dame, pour Saint-Roch ou pour Saint-Eustache, à la bonne heure; mais qu'on emploie les souvenirs de ces séraphiques auditions à faire danser des bergers de la rue Favart sur la coudrette avec la gentille Annette, on se demande sérieusement si ce n'est pas se moquer des contribuables et de Jacques Bonhomme tout entier.

Quelqu'un dira : — « Eh ! que ne leur fait-on écrire des messes, à leur retour à Paris ? » La question change de face, j'en conviens, mais il n'est que trop facile de la réfuter. Des messes ! Nous ne sommes plus au temps d'Henri IV ! Paris ne croit plus aux messes ! Allez donc admettre comme article de foi l'existence réelle d'un dieu dans une rondelle de farine ? Allez donc, en 1886, croire à l'eucharistie ? Du jour où M. Ernest Renan, membre de l'Institut, analysant le Fils du Charpentier, a fait voir que ce jeune juif de Nazareth n'était qu'un juif de Galilée comme tous les autres, qu'il ne pouvait ressusciter et surtout qu'il ne saurait, après dix ou douze phrases latines prononcées par un prêtre, s'incorporer tout à coup dans une hostie, de ce jour-là, c'en a été fait de la messe. Sans doute, Martin Luther, Jean Calvin, Henri VIII avaient déjà fait ce travail d'anatomie anti-catholique; Voltaire, les Encyclopédistes et les Allemands, tels que Strauss, avaient achevé cet examen, mais M. Ernest Renan, revêtant sa critique d'un style de romancier a donné le coup de grâce à la messe. Evidemment il y a toujours et il y aura encore des fidèles, des vieillards, des enfants, des femmes pour aller s'asseoir à la sainte table, mais vous comprenez bien ce que je veux dire : les trois quarts de Paris pour le moins n'ont plus faim du pain des anges. Conclusion : pas de messes sérieuses à faire pour nos lauréats.

Et pourtant, il y a de temps en temps une messe en musique, celle des obsèques, quand le personnage qu'on enterre n'est pas un libre-penseur. Hélas! parlons de ces sortes d'œuvres! Le malheureux compositeur dépense plus de huit cents francs rien que pour faire copier isolément toutes les parties de sa messe et cela représente au naturel une montagne de papier. Ajoutez des frais non moins ruineux pour payer les musiciens de l'Opéra et du Conservatoire, chargés d'exécuter sa messe. Mettez huit cents francs, et vous ne serez pas loin de la vérité. Or, que reste-t-il à l'auteur? Des dettes! Savez-vous combien la dernière messe exécutée par un lauréat, à l'occasion des funérailles d'un amiral, lui a rapporté? combien il a mis en poche tous frais payés? Dix-huit francs. On les a vus, on les a tenus dans la main comme une pièce curieuse, comme une médaille d'Othon. Oui, dix-huit francs! On appelle cela encourager les beaux-arts? Et des millions sont laissés à la disposition de deux ou trois dispensateurs de ces étranges encouragements!

— Mais alors quel écoulement donnent ces jeunes musiciens à leurs travaux de dix années passés dans les caves du Conservatoire; et de trois autres années passées à Rome, lorsque l'expiration de leur temps de résidence dans cette ville les ramène à Paris?

— Ce qu'ils font à Paris, demandez-vous, ils vont mendier de porte en porte un poème d'opéra-comique.

— Et pourquoi faire?

— Pour faire un opéra-comique. Mais partons de plus haut. Ils arrivent, et se présentent au directeur de l'Académie nationale de musique, obligé par ses engagements envers l'État de jouer quelquefois un opéra d'un élève couronné. Bien vite, le directeur et l'Académie nationale le renvoient au directeur de l'Opéra-Comique, également soumis à l'obligation de jouer le plus souvent possible la partition d'un lauréat. Le directeur, qui ne sait que faire du pestiféré, lui dit de chercher de de par le monde un libretto, et pour cela de s'adresser à un librettiste de la maison, tout autre ne pouvant être accepté. Où trouver ces librettistes? Combien y en a-t-il d'ailleurs? Trois ou quatre au plus. Je vous demande si ces messieurs, habitués à ne risquer leur prose et leurs vers qu'avec l'assurance d'un succès fondé avec raison sur le mérite de la partition, sont bien peu empressés de s'associer à un musicien sans nom; sans garantie aucune. Ils éludent, ils refusent, ils éloignent. Si, par miracle, ils acceptent, comment acceptent-ils? En donnant au pestiféré un poème déplorable, un acte informe, jauni dans les cartons, intitulé le *Toréador* ou *le Matador*, affreuse ballade allongée en poème encore plus affreux. L'association signée et consentie, l'œuvre faite et terminée, le lauréat se présente de nouveau au directeur de l'Opéra-Comique. Alors, celui-ci de son plein pouvoir, dont aucun traité avec l'État ne doit le priver, refuse le petit acte si péniblement enfanté. Et s'il l'accepte, comment le fait-il représenter, par qui et dans quelle saison? En plein été, par les doublures et un jour marqué à la craie noire sur le calendrier des théâtres. Le poème tombe ou se traîne de langueur. C'est à peine si un journal daigne même en mentionner la chute. Il a fallu dix ans pour arriver à ce beau résultat; il s'en écoulerait dix autres encore pour que ce vieux lauréat eût l'occasion de retomber.

Ce que je dis des compositeurs couronnés peut s'appliquer aux chanteurs entretenus à Rome par l'État. Nos chanteurs de théâtre sont Italiens : s'ils ne sont pas Italiens, ils sont considérés comme de faux chanteurs. Or, où passent ces colonies de chanteurs, de compositeurs qui ne font ni ne chantent des grands opéras et des opéras-comiques? L'Académie nationale est une maison de banque inabordable, sous la raison sociale d'ombres historiques qui s'appellent Scribe, Auber, Halévy et Meyerber. Où sont donc, je vous le demande à genoux, nos pensionnaires du Conservatoire? Je connais deux hommes qui parlent le sanscrit; sur ces deux hommes il y en a même un qui le comprend; je ne connais pas un opéra un peu populaire fait par un pensionnaire du Conservatoire.

Il est clair que ces chanteurs, que ces compositeurs

présumés d'opéras, qui, à défaut d'en faire et d'en chanter, n'ont ni orgues d'église à souffler le dimanche, ni chapelle royale ou ducale pour donner des messes de leur façon, sont obligés pour vivre, car la couronne ne dispense pas de la faim, de reprendre le métier de leur père, de se mettre cordonniers ou marchand d'épiceries. La rue des Lombards est évidemment peuplée d'ex-pensionnaires du Conservatoire. N'est-ce pas une dilapidation grossière des fonds de l'Etat, que cette manufacture de jeunes gens dressés à la culture d'un art stérile et maudit? Ne confondez pas ce que je dis ici du musicien officiel avec ce que je ne vous dis pas du musicien accepté par le goût public. L'un n'a pas de pain, l'autre encaisse cent vingt mille, cent cinquante mille francs par an.

C'est une singulière reconnaissance que doivent à l'Etat ceux à qui l'on arrache les enfants, pour leur inspirer des goûts d'artiste, sans leur ménager le moyen de tourner ces goûts au profit de l'existence. Pourquoi jeter des espérances de feu dans l'âme d'un jeune homme qu'on laissera retomber plus tard sous le joug d'un métier ou d'une profession obscure?

Il y a un remède à ce mal, mais il est violent, violent comme le mal. Examinez : d'un côté vous avez des compositeurs sans mission; de l'autre, pas de salles d'opéra, pas d'acteurs, pas d'orchestre, pas de public à donner à leurs essais. Un théâtre est à bâtir, celui dont vous ferez un séminaire de grands artistes en tout genre. Notez le fait. Ce théâtre ne serait pas ouvert aux spectateurs payants. Il n'existerait que pour les débutants, musiciens, chanteurs, auteurs, peintres décorateurs. Il n'y aurait que la vieille critique, vigilante, hargneuse et sévère pour y avoir ses entrées libres. Ça vous coûterait un million par an et ça vous donnerait, tous les douze mois, des prêtres de l'art qui finiraient par être les premiers du monde.

— Un théâtre à bâtir, oui, mais vous ne le bâtirez pas !

XXVII

CE QUE C'EST QUE BATIR UN THÉATRE

On vous dit, un matin : — « Nous allons élever un théâtre. Voulez-vous en être ? »

Annibal s'est mis en tête de perforer les Alpes afin de pénétrer en Italie avec son armée de mercenaires et ses éléphants, et il en est venu à bout, mais certainement le prodigieux Carthaginois ne serait jamais venu à bout de construire un théâtre dans Paris moderne. Un théâtre à rêver, à bâtir, à meubler, à décorer, à animer, à faire vivre, eh ! c'est le diable à confesser et la mer à boire.

Faisons à ce sujet un peu d'analyse, le voulez-vous ?

A vos heures de loisir et de délassement, vous vous êtes sans doute quelquefois amusé à voir monter par des échelles menaçantes des blocs de pierre et des solives démesurées ; vous avez promené avec effroi vos regards à travers ce labyrinte de poutres croisées, et vous avez gardé dans votre mémoire une estime profonde pour les habiles ouvriers qui se retrouvent au milieu de ce désordre et taillent tranquillement un palais dans ce chaos. Plus heureux, vous avez peut-être assisté au spectacle d'un vaisseau en construction, et vous vous êtes demandé s'il ne s'est pas glissé un rayon de la puissance divine dans la tête de ces hommes qui, en reliant deux ou trois mille arbres avec des clous et du goudron, composent un tout formidable et léger, une machine merveilleuse assez rapide pour aller au bout du monde en quelques mois, et assez puissante pour démolir en quelques heures les murs d'une ville fortifiée.

Cherchez encore dans votre mémoire les opérations les plus difficiles, celles dont les résultats vous auront paru les plus extraordinaires, et vous serez à cent mille lieues d'avoir une idée exacte des peines, des souffrances, des douleurs, des tortures qu'entraîne la réalisation d'un théâtre, depuis le jour où l'on pose la première pierre jusqu'à celui où il s'ouvre à la clarté du gaz, à l'harmonie de l'orchestre, aux trépignements de la foule. Le véritable poème épique est là; à côté de ce poème, l'*Iliade* est un sonnet, et l'*Odyssée* n'est rien du tout.

Avant de construire un théâtre, M. de La Palisse dirait : il faut s'assurer un emplacement. Ne riez pas de M. de La Palisse, car l'emplacement n'existe pas ou il n'existe que fort peu. Ce Paris si grand, si vaste, qui a quatre coins à chaque rue pour les marchands de vins, et quelquefois cinq coins, n'a pas soixante pieds carrés à donner pour la construction d'un théâtre. N'oubliez pas que nous sommes les Athéniens modernes. Dès qu'un propriétaire a vent de l'intention de l'acquéreur, il demande des millions pour céder son cimetière. Il est intraitable. Il lui faut, vous dis-je, des millions, plus un pot-de-vin pour son neveu, plus des épingles pour sa fille, plus une bague au doigt pour lui, plus une entrée à vie pour lui encore, plus une loge de face à chaque première représentation pour sa charmante famille. Et le théâtre n'est pas construit !

Le terrain est acheté pourtant. La Ville se présente ! Savez-vous ce que c'est que la Ville ? C'est un monsieur qui a pour mission, parfaitement retribuée, d'empêcher les théâtres de brûler. Jugez comme il s'acquitte bien de son emploi. La Ville veut que le théâtre ait trois planchers; la Ville veut que le théâtre ait un rideau en tôle. Voilà notre rideau en tôle, est-ce assez? pas encore. La Ville veut que vous ayez des couloirs très larges : très bien ! les voilà. La Ville veut que vous laissiez trois mètres entre le théâtre et les propriétés voisines ; soit, l'espace est laissé ; maintenant pouvons-nous bâtir ? La Ville, mieux avisée, ne veut pas, toutes ces conditions remplies, qu'on bâtisse le théâtre. Pourquoi? Ici la place d'un chapitre curieux ; il serait trop curieux. La Ville fait attendre trois mois son parce que. Pendant ce temps, les actionnaires sont à la campagne ou aux eaux, et le projet reste suspendu. Enfin, à force de faire jouer la grande machine des amis et des protecteurs, sa Majesté la Ville daigne répondre que vous avez le droit de bâtir votre théâtre, mais à la condition expresse de ne lui donner pour enseigne qu'un nom dans lequel il n'entrera ni le mot d'Opéra, ni celui de Français, ni ceux d'Odéon, ni d'autres dans lesquels on verrait les adjectifs : dramatique, comique, lyrique. Creusez-vous donc la tête et n'inventez pourtant rien de neuf en ce qu'il faut que la foule comprenne. Et à la longue, vous trouvez un nom.

Ces difficultés aplanies, le théâtre peut se bâtir. Viennent alors les architectes, second ou troisième chant du grand poème indien. Tout architecte prend au rabais. Un architecte proposerait-il de bâtir le Louvre pour six francs, un autre architecte se chargerait de le construire pour dix sous; ces messieurs ne se trompent ordinairement que de cinq ou six cent mille francs. Voilà l'usage. Une autre manie des architectes, c'est de vouloir bâtir un théâtre moderne sur les modèles les plus ambitieux. Chaque matin il est présenté aux malheureux directeurs des Vatican, des Parthénon, des Escurial sans nombre. Celui-là lui apporte les arènes de Nîmes, au lavis; un autre le cirque de Néron, aux trois crayons; une année entière est souvent dévorée par ce ridicule choix qu'il faut faire parmi tant d'impossibilités.

Cependant, comme il est de raison que tout arrive, les maçons arrivent un beau jour. Si vous connaissez les maçons, vous savez compâtir. Ils recommencent Babel. Je frémis de penser que Babel pouvait s'élever sous les yeux d'un directeur. Que de murs mitoyens! que d'escaliers! que de chambres! que de loges! que de salles! Dans un théâtre, il y a trois théâtres, celui où va le monde est le moindre. Qu'on juge de la lenteur des maçons pour construire un théâtre. Il est un théâtre, à Paris, qu'ils mirent tant de temps à bâtir, que tous les actionnaires, mais tous, étaient morts quand il fut achevé. La société d'exploitation se trouva représentée par les fils.

Mais la cage est faite, le théâtre est déjà à l'abri de

l'eau ; déjà est une superfétation latine, comme vous savez, qui ne tire pas à conséquence. La cage est faite. Suivez de l'œil les oiseaux qu'on y fait entrer. Les menuisiers, les serruriers, les peintres, les tapissiers et les doreurs. L'enfer est un séjour de bienheureux, comparé à un théâtre livré à ces intéressantes classes d'artistes. Il y pleut du fer, du bruit, de la couleur, des feuilles d'or, hélas ! le premier et le dernier or que voit souvent le directeur. Celui-ci évide une colonne, celui-là mange un hareng sur la tête d'un ange, celui-là exhale des jurons affreux en peignant sur la toile le génie tranquille des arts.

Que fait le directeur ? Le directeur plaide, car un directeur plaide toujours ; il plaide avec la Ville, le monsieur dont je vous ai parlé, il plaide avec l'architecte, il plaide avec les actionnaires, il plaide avec tout ce qui l'approche. Et souvent un directeur est père de famille ! A ses heures de récréation, il reçoit les artistes qui désirent faire partie de sa troupe. Des courants d'air ont appris à la province la formation d'un théâtre ; le contre-courant a amené des chanteurs, des danseuses, des jeunes-premiers, des premiers rôles, des rôles à tout faire. Tous, cela va sans dire, ont eu des succès pyramidaux : ils ont éclipsé Bocage, pulvérisé Frédérick, Samson, Vernet, Madame Dorval et Duprez. Ecoutez-les. Ah! il faut les écouter. Pendant six mois, un infortuné directeur entend le couplet d'Auguste ; la tirade du *Misanthrope*, le duo de *Fernand Cortès* et la dernière scène d'*Antony*. Pour ne pas résister, il n'en est pas moins assassiné. Les acteurs qu'il accepte se regardent comme les premiers fondateurs d'une ville, ils en ont le despotisme ; les acteurs refusés traitent le directeur de niais, d'ignorant, d'infâme, et lui envoient le lendemain des cartels accompagnés de témoins.

Les anges sont dorés, les génies ont du rose jusqu'au talon, le tapissiers a rembourré les banquettes, le tailleur taille des manteaux sous les combles, et le pompier veille déjà au feu ; il est temps de songer à la pièce qu'on représentera.

— En effet, se disent enfin les actionnaires, il faut songer à la pièce, c'est sérieux ; c'est même indispensable. Entrez, messieurs les auteurs.

Aussitôt paraissent les auteurs. Ces messieurs, le chapeau à la main, ont laissé passer les maçons, les tapissiers, les doreurs, les acteurs, les allumeurs, les pompiers. Ils entrent donc, suivis de leurs ours. Le meilleur auteur a toujours des ours. Nous n'apprendrons à personne ce qu'on entend par un ours. Un ours est une pièce refusée à un théâtre et destinée à être refusée à plusieurs autres. Quelques chefs-d'œuvre ont été des ours. La *Dame aux Camélias* a été, dans sa tendre jeunesse, un joli ours. La transformation est rare pourtant, attendu que les directeurs habiles reconnaissent un ours entre mille manuscrits. Dieu, qui leur a souvent refusé l'orthographe, leur a accordé cet instinct ; ils découvrent les ours comme certains sorciers découvrent les eaux souterraines. Il est rare de voir un théâtre ne pas s'ouvrir par un ours. Où prendrait-il une pièce conçue et mise au monde pour lui ? Bonne, on la présenterait ailleurs. Mauvaise, on la lui porte, en lui disant : « Voilà votre affaire. »

Déguisé avec art sous un titre nouveau, l'ours est

mis à l'étude. Une autre crise commence, mais à celle-là l'auteur est appelé à figurer. Naturellement aucun des acteurs qu'il a choisis ne trouve son rôle assez beau, assez digne de lui, et, de son côté, l'auteur ne trouve pas seulement passables les acteurs qu'on lui impose ou qui s'imposent. Le jeune-premier ne veut pas disparaître au quatrième acte ; le premier rôle prétend se montrer à chaque acte ; l'actrice, qui se croit toujours jeune, ne veut être mère à aucun prix. Vous avez beau lui dire qu'elle est mère, c'est vrai, mais jeune, jolie, délicieuse mère, mère amoureuse, mère adultère : rien ne la persuade. — « Monsieur il faut supprimer l'enfant. » — Eh bien tuons l'enfant. Madame, vous ne serez pas » mère. Acceptez-vous le rôle ? — Oui, mais à condi» tion que vous mettrez dans ma bouche la tirade de » mademoiselle Daphné. — Eh ! madame, ce serait un » contre-sens ! — Peu m'importe. Je veux, j'exige cette » tirade. — Vous l'aurez. » — Et il faut transposer la tirade demandée. Mais autre embarras, l'actrice dépouillée réclame une compensation. Il s'agit d'un supplément inutile plaqué à son rôle, une redondance. L'auteur se sacrifie. Croit-il être quitte ? Erreur ! Pendant les répétitions, le directeur prend l'auteur à part et lui dit : — « Prenez garde, mon ami, vous allongez dange» reusement votre ouvrage. Il durera jusqu'à deux heu» res après minuit ; nous serons condamné à l'amende. » Que faire ? Les acteurs veulent qu'on augmente, le directeur demande qu'on diminue. On commence à devenir fou, on n'est pas encore enragé. Cependant le milieu est trouvé ; tout semble marcher. Il ne s'agit plus que de faire répéter les comparses, les acteurs effacés chargés de porter une lettre, d'allumer une bougie ou d'entrer en criant : *Vive madame la baronne!* ou *mort au tyran!* Ici est le comble de la difficulté. Ces pauvres artistes, subalternes exercent, pendant le jour, des professions honorables. Ils sont cordonniers, barbouilleurs, porteurs d'eau. Dans la vie privée, les gestes manquent de dignité et leurs paroles sont au niveau de leur humble condition. Rien ne peut donner une idée du mal qu'on a à les faire avancer d'un pas ou à leur faire ôter leurs chapeaux. Cent et cent fois, on leur dit : — « Te-» nez-vous droits! Ne riez pas si bêtement ! Soyez moins » sérieux ! » — Efforts inutiles! Le naturel l'emporte, et, quand on croit les avoir éduqués, ils aboient au lieu de parler; ils gloussent au lieu de crier et ressemblent à des guérites quand ils devraient représenter des princes, des cardinaux ou des doges. On admire le style dans un livre. Au théâtre, admirez les doges !

Survient le décorateur, un personnage. Celui-là ne veut pas faire un jardin, parce que c'est trop cher; il vous propose une vieille forêt de rebut. Il y a le tailleur qui refuse du velours ou du brocart à ces dames, et ces dames se jettent sur l'auteur comme les Bacchantes de la Thrace sur le pauvre Orphée et lui disent : — « Nous » voulons du velours de soie et non du velours de coton! » Au fait, pour qui les prend-on, elles, des perles? Si l'auteur en appelle au directeur, le directeur se cache ou fait le mort. Qu'on s'arrange comme on voudra, qu'on s'adresse au régisseur. De son côté, le régisseur, qui n'est qu'un mannequin, se récuse, ou bien il est pour l'auteur quand il se trouve avec lui, ou pour les acteurs quand il cause avec eux. Malgré ces tiraillements infinis, la pièce marche cependant. Il ne reste plus à l'auteur qu'à refaire le second acte, à mettre le troisième à la place du quatrième et à changer le dénouement. Car on fait huit ou dix fois une pièce après l'avoir faite. Les auteurs les plus forts en sont là. Ceci n'empêche pas les grands critiques de dire dans leurs feuilletons : « Comme on voit bien que cette comédie a été coulée » d'un seul jet ! »

Déjà l'on répète trois actes sur cinq. Mais répéter, savez-vous ce que c'est pour un acteur, surtout s'il a pour deux sous de célébrité? C'est tout simplement murmurer des mots inintelligibles et s'interrompre au milieu de l'endroit le plus caressé par l'auteur. Dame, pour faire voir qu'il est au dessus de cela, il murmure et fredonne, ce grand comédien : *Amis, la matinée est belle !* ou bien : *J'ai du bon tabac.* Et que dire? s'emporter? Mais l'acteur célèbre vous rendra le rôle à l'instant en vous disant : « — Monsieur, c'est une *panne !* » L'actrice divine paraîtra pas à la répétition du lendemain, aiment mieux payer l'amende. Du courage ! Il en faut, car voici les musiciens qui réclament votre attention. De la musique ! Mon cher, il en faut partout aujourd'hui. Ça anime, ça réchauffe la foule. Il n'y a pas de public qui n'a vu le cornet à piston, la harpe et le tambour de basque. Rien de mieux, mais cet orchestre est bien orageux — ou bien endormi. — Vous jouez trop fort ! ou : — Vous ne jouez pas du tout ! « — Nous jouons comme il nous plaît, répondent-ils. — Faut-il se fâcher? Bon ! le chef d'orchestre est encore un homme à ménager. Un couac, une fausse manœuvre, le soir de la première représentation, et la pièce tombe.

On a vu ça, allez! Non, vous baissez la tête et vous faites bien, car il faut en finir.

Quel jour que celui de la première! Il sort des amis de dessous terre et des actionnaires, il en pleut. Cent lettres à répondre. Toutes demandent une loge. Cinquante mille Parisiens ont leur famille à divertir. Puis les acteurs désirent aussi des places pour les leurs, les ouvreuses en sollicitent, les claqueurs les veulent toutes ou ne répondent de rien. Brouillez-vous avec le chef de claque, vous êtes un homme perdu. Enfin on fait l'impossible. A cinq heures du soir, tout le monde est content, c'est archi-mécontent que je veux dire. Toutes les places sont prises et personne n'est placé.

Enfin, après six mois de marches et de démarches, et de contre-marches, de délais, de remises, de relâches, d'ennuis, de dégoûts, de déboursés de toutes les couleurs, de cris, de couleuvres à faire regretter à l'auteur de n'être pas employé du télégraphe ou enleveur de boue de Paris, le rideau se lève sur la pièce et la pièce tombe quatre-vingt-dix-neuf fois sur cent.

Et un homme de talent, le soir, en se mettant au lit, est forcé de s'écrier :

— Suivant l'Écriture, Mathusalem a vécu neuf cents ans, mais s'il avait eu la funeste pensée de se faire auteur dramatique, à Paris, au XIXe siècle, pour sûr, il serait mort phtisique avant trente-cinq ans !

Faites tout ce que vous voudrez, mais ne bâtissez pas de théâtre.

XXVIII

MÉRY, MUSICIEN

Pour voir à quel point il était organisé pour la musique, il ne fallait l'entendre que cinq minutes. Habile à parcourir l'échelle des tons, il savait la gamme chromatique par instinct; on aurait pu croire que c'était chez lui un don de naissance. Pas un rythme qui ne lui fût familier, ainsi qu'on le voit par les cent mille vers de toute dimension qu'il a éparpillés un peu partout, le long de sa route, de Marseille à Paris. Un tel poète, si prodigue de son génie, devrait nécessairement être doublé d'un Linus et c'est pour cette raison que, de 1820 à 1865, on ne trouverait pas un contemporain, en y comprenant même Félix, qui fût aussi ferré que ce frivole Marseillais sur les œuvres et sur les personnalités musicales de ce temps. A l'époque reculée et encore barbare où Paris hésitait à accepter Rossini, Méry, de concert avec quatre autres téméraires, dont Stendhal, Armand Marrast et Louis Desnoyers, il faisait publiquement tapage au Théâtre-Italien et était amené avec eux au violon pour avoir acclamé l'auteur du *Barbier de Séville*. Rossini ! Eh! c'était son dieu ! Il a poussé si loin le culte qu'il professait pour « le cygne de Pesaro » qu'on l'a vu publier, un jour, cette espèce d'aphorisme : « Celui qui n'admire pas *la Sémiramide* n'est pas un honnête homme. »

Il n'y avait pas à le presser beaucoup pour obtenir de lui qu'il chantât quelque morceau. De taille mignonne, grêle, maigre, usé de bonne heure tant à cause des veilles littéraires que des nuits passées à la table de jeu, il ne disposait que d'un très-mince filet de voix, mais de ce cri qui ne ressemblait pas mal à un coup de sifflet il tirait des effets étonnants et, aidé par la plus vive des mimiques, il allait, sans fatigue, d'un rôle à l'autre, du ténor au baryton, de Robert à Bertram, de la *Juive* au *Prophète*, en différenciant tout, en variant avec art les diverses parties. Je l'ai vu saisir une fois un tambour de basque et, une autre fois, prendre une guitare, et, dans l'un et l'autre cas, faire des prodiges. Si l'on eût fermé les yeux, on n'aurait manqué de croire qu'on avait près de soi un des grands artistes d'Espagne ou d'Italie qui, de temps en temps, s'en viennent faire escale à Paris.

Cependant le jeu dans lequel il était passé maître, c'était celui des bouts-rimés ou des improvisations. En cela, emporté par les élans de sa nature méridionale, il se mettait d'instinct à multiplier les vers sur la musique. Toutes les fois qu'une maîtresse de salon lui demandait des rimes, Méry en faisait sans le moindre effort et les adaptait au succès d'un opéra nouveau ou à la vogue de toute autre œuvre lyrique actuelle.

Un soir, à Ville-d'Avray, on lui donna seize mots, ceux qui suivent, et, en douze minutes, il broda sur ce thème l'improvisation que voici :

Un critique enfoui comme un vieux	CRYPTOGAME
Dans les bouquins moisis de Dresde et de	GOTHA
Et qui ne savait pas deux notes de la	GAMME
Fit l'Oratorio nommé le	GOLGOTHA.
Sa bannière en musique était haut	ARBORÉE.
Menaçant ses rivaux d'un air	VINDICATIF,
Enflant sa double joue à l'instar de	BORÉE,
Et montrant à l'orchestre un doigt	INDICATIF.
Empruntant son fracas à la	LOCOMOTIVE,
Il mit le Vent, la Foudre et la Pluie en	TRIO.
Ce bruit qui nous secoue et que rien ne	MOTIVE,
Eclatant sur le Rhin peut s'entendre à	RIO.
C'est un pauvre maçon qui se croit	PIRANÈSE ;
Il est après ce qu'il était	AUPARAVANT.
C'est comme un tapissier qui se croit	VÉRONÈSE
En peignant des magots sur un vieux	PARAVENT.

Il s'agissait, on l'a deviné, de Richard Wagner, le gallophobe, « L'Attila de la cacophonie », comme l'appelait Meyerbeer.

Le prodigieux improvisateur a été encore mieux inspiré dans ces autres bouts-rimés, adressés au grand compositeur auquel l'Ecole française doit la *Juive*. — Les mots avaient été donnés par une grande dame.

A M. F. HALÉVY

LE PROGRÈS

Vous ferez, quelque jour, un opéra sur	EVE,
Loué dans un journal que signerait	MÉRY

Ou bien sur les Trois Rois, et vous avez la LA FÈVE
Dans le gâteau de l'art, vous, son cher FAVORI !
Cinq actes sont pour vous une courte ROMANCE.
Moi je vous ai connu jeune comme COHEN ;
Mon dîner n'était pas alors une BOMBANCE,
Et je dînais fort mal comme on dîne à JAEN.
Les grands compositeurs vivant au temps D'HORACE.
N'ont pas étudié chez eux le CONTREPOINT
L'art est resté chez eux à l'état de PRÉFACE.
C'est Adam sous un arbre attendant un POURPOINT.
Ainsi va le progrès ; la première SOUCOUPE.
Adam ne l'avait pas, dans le premier JARDIN.
Le premier des repas fut avalé sans SOUPE.
L'anachorète obscur précéda le MONDAIN.
Avant le papier blanc apparut la TABLETTE ;
La nuit a précédé le rayon de PHŒBUS.
La tunique de laine a précédé L'EMPLETTE.
Des robes de satin dont on a fait ABUS.
On a vu des rocs nus sur le sol de MARSEILLE
L'amour à deux a fait inventer LE RIVAL.
La pampre de la vigne a créé la CORBEILLE,
Et l'âne du désert a conduit au CHEVAL.
L'herbe a paré d'abord la large CANNEBIÈRE.
Deux ais de bois ont fait inventer le PORTAIL.
La médisance a fait inventer la PORTIÈRE.
La chaleur de l'été créa la GOUSSE D'AIL.
La musique aujourd'hui court des BOUCHES-DU-RHÔNE,
De Marseille l'antique ou de son voisin AIX,
De Paris où vos mains ont élevé son TRÔNE,
Jusqu'aux humbles hameaux du vieux pays de GEX.
Vous l'avez prise enfant comme aux jours de VOLTAIRE,
Comme aux déserts d'Égypte où s'installa TYPHON ;
Le velours remplaça ses haillons de MACAIRE ;
C'est une arme en vos mains ; elle était CARAFON.

Pour bien comprendre ce qu'il y a d'étonnant dans ce travail, il faut savoir que Méry, un crayon à la main, prenait à peine le temps de lire la rime imposée et qu'il remplissait aussitôt le vers, sans retard et sans rature. Il n'y avait réellement que lui au monde pour venir victorieusement à bout d'une telle tâche et en si peu de temps. Dans ce croquis, nous ne donnons que deux échantillons de son savoir-faire à cet égard ; Méry, toujours sollicité par les gens du monde, a fait de ces choses-là par milliers. Sans redouter un démenti, on peut affirmer que c'est celui des rapsodes du dix-neuvième siècle dont le nom et les vers figurent le plus dans les albums.

Il y a vingt-cinq ans, un Français pouvait encore aller décemment en Allemagne et un Parisien faire une station d'été à Bade. Les désastres militaires de 1870 ne nous avaient pas encore appris que nous avons sous le ciel un ennemi implacable, l'*ennemi*, comme le répètent sans cesse M. de Bismarck et ses gazettes. Paris émigrait donc volontiers, de juin à octobre, sur les bords du Rhin, et y poétisait par sa présence un tronçon du pays tudesque. Les choses ont changé. Paris ne va plus à Bade, raison pourquoi Bade crève désormais d'ennui et de misère. Mais en 1863, la mode persistait. Méry s'y était rendu, l'un des premiers. Qu'y allait-il faire, le charmant poète ? Chercher du repos ? Joueur incorrigible, il avait plutôt pour passion d'y courtiser la dame de pique, cette reine du Trente-et-Quarante. Cependant la salle de jeu ne l'absorbait pas tout entier. En lui subsistait toujours l'improvisateur et surtout le musicien. La preuve de ce que je dis se voit dans une lettre essentiellement lyrique, adressée par lui à Aurélien Scholl, alors rédacteur en chef du *Nain Jaune*.

« Mon cher ami,

» *Tenez votre promesse!* me dites-vous, comme un chœur trop connu; vraiment, vous êtes tous prodigieux. Parisiens que vous êtes; vous croyez qu'à Bade les mains servent à tailler des plumes, et les montres à donner des loisirs, parce que vous ne savez que faire là-bas sur vos bords sans fleurs, que la Seine arrose de poussière; parce que vous habitez une ville déserte; car nous vous avons enlevé votre peuple, vos théâtres, vos artistes, vos femmes, enfin *tout Paris*, comme l'avouent même vos plus graves journaux.

» Nous sommes pervertis par l'illustre Allemand Meyerbeer; *le vin, le jeu, les belles,* voilà nos seules amours; madame de Sévigné elle-même prendrait ici en horreur le style épistolaire; nous laissons les travaux forcés aux malfaiteurs, et les plumes aux oies.

» *Le vrai bien sur la terre n'est-il pas le plaisir!* dit encore Robert, avec raison, depuis trente-deux ans. Sous les pommiers de l'Eden, sous les fleurs de Sybaris, dans les gynécées de Capoue, croyez-vous qu'Adam, Alcibiade, Annibal s'amusaient à tailler des plumes pour *le Nain jaune?* Vous nous offrez de l'or en échange; nous en avons à vous revendre ici; c'est à Bade encore que Meyerbeer a chanté la première fois avec Scribe: *L'or est une chimère.* Le musicien et le poète jetaient ici l'argent par les fenêtres, mais de la rue dans leurs appartements, pour faire l'inverse de notre population.

» Ce matin, notre ami le Mexique nous a expédié son climat, par dépêche télégraphique. Je m'envoie promener sous trente degrés Réaumur. Si j'avais un loisir assis, je vous manderais que nous avons applaudi, hier, la première représentation d'un charmant opéra de M. Thomas Sauvage et de Rosenhain, un libretto tout en vers, en vers légers comme des ailes de colibris; une musique toute en mélodies comme des airs de Grétry. Madame Faure a chanté à ravir; elle a été nommée professeur de vocalises au Conservatoire des fauvettes, établi sous les vertes coupoles de Lichtenthal; le ténor Froment a partagé avec elle les applaudissements d'une salle comble, où quelques roturiers apparaissaient rares, dans un congrès de princes et de ducs.

» Une grande solennité se prépare; je demanderai un congé à la Nature pour vous en rendre compte; on va jouer un opéra en trois actes d'Edouard Plouvier, un vrai poète, et de Littolf, un vrai musicien. Les répétions annoncent un grand succès. *Nahel* est le titre de l'œuvre. Vous savez peut-être que j'ai le stupide amour-propre de me croire connaisseur en musique. Hélas! qui n'a pas ses défauts? et j'en suis pétri, grâce à Dieu! Quand on est pauvre, on prend sa richesse où l'on peut; eh bien; j'ai assisté aux répétitions de *Nahel*, et j'ose annoncer, sous le soleil, et avant le lustre, l'apparition d'un chef-d'œuvre nouveau.

» Avant-hier, on a joué, pour la seconde fois, *le Comte Ory*; c'est une nouveauté en Allemagne, et le parterre germanique a chaudement applaudi cette antiquité merveilleuse. Toutefois, les susceptibles enfants du Rhin ont été choqués de l'invraisemblance du travestissement des chevaliers en pèlerines. Il faut vous dire que nos choristes sont strasbourgeois et tous hommes de haute futaie, comme Kléber, leur compatriote; ce sont de gigantesques pèlerines, et il faut beaucoup de bon vouloir de la part des nobles dames du castel pour leur faire admettre comme faibles femmes ces colosses alsaciens. A Paris, on ne s'inquiète pas de ces minuties, et le grand Canaple même est admis, comme victime innocente du comte, sans provoquer la moindre réclamation. Jourdan, Balanqué, Raynal, mademoiselle Faivre, madame Henrion et les chœurs ont fait triomphalement accueillir le *Comte Ory* à son passage du Rhin ; Louis XIV n'aurait pas été mieux reçu si Sa Grandeur ne l'eût arrêté devant Tolhuis, au dire de Boileau.

» Les voyageurs arrivent toujours par caravanes, malgré les orages du Nord. On dirait que l'horizon politique est aussi pur que l'horizon de Lichtenthal. Nos fraîches prairies, nos belles montagnes de velours vert sont émaillées d'illustrations de toute sorte. L'autre soir, j'ai vu le baron James, le Rotschild de l'or, coudoyant Paul de Saint-Victor, le Rotschild de la prose. Un passant a dit :

Le plus riche des deux n'est pas celui qu'on pense.

» C'est une vraie cohue de célébrités européennes, et pas un académicien ! Comme au paradis !

» J'ai lu, hier, ces vers sur l'album de la princesse T*** et je vous les envoie au hasard de l'insertion.

CRÉSUS EN VACANCES

De son comptoir lointain déserteur d'un moment,
Que faisait-il, Crésus, dans ce site charmant
Qui ravit le penseur, le poète et le sage?
Il demandait le cours du Crédit autrichien,
Et, pour se divertir, il regardait un chien
Qui regardait le paysage.

» Littolf est obsédé d'un très grave souci, mais pas celui de l'*Africaine;* il cherche partout un homme, avec *le flambeau du soleil,* comme dit l'Académie de *Guillaume Tell;* or, cet homme serait difficile à trouver même avec la lanterne de Diogène. D'abord, il doit être muet, qualité rare chez un homme; sa noble figure et sa haute prestance doivent révéler le suprême héroïsme, qualité rare chez un figurant d'opéra. Il s'agit de représenter, au fond d'un tableau, le stupide Attila de la guerre de Trente ans, c'est-à-dire le roi Gustave-Adolphe. — Figurant, où es-tu? Voilà l'unique souci actuel de Littolf, le grand musicien. »

Et Méry signait cette jolie lettre, un chef-d'œuvre de fantaisie et de critique.

Les chroniqueurs qui disent tout nous l'ont appris : Méry aimait les plaisirs de la table. Sous l'Empire, il était l'un des convives les plus assidus de Polydore Millaud. Parisiens, vous n'avez pas oublié Millaud aux lunettes d'or, le fondateur du *Petit Journal,* le même que les marrons de la Bourse appelaient Millaud-Million. Dans l'hôtel de la place Saint-Georges qui est contigu à celui de M. Thiers, on dînait avec les notabilités du jour et l'on servait avec raffinement. Méry était toujours là. On se rappelle la guerre que sous Charles X le poète a faite à M. de Villèle, à cause des truffes. Ah ! les truffes ! il les voulait partout désormais : dans la dinde, dans le perdreau et jusque dans le pied de cochon, offert sur la table d'un Juif. Au dessert; au moment où l'on remplissait les coupes de cristal des vins qui délient la langue, Méry n'y tenait plus. Il se levait, demandait la parole, faisait venir un piano et improvisait, mais à la manière des Italiens, c'est-à-dire en chantant. — Sur quel airs ? va-t-on demander. — Eh ! mon Dieu, sur des airs qu'il improvisait, car, encore un coup, cet incomparable faiseur de vers était aussi, lorsqu'il lui en prenait la fantaisie, le plus intrépide des mélomanes.

Toujours joyeux, il n'avait pas accouplé deux rimes ni jeté un son en l'air que la salle entière n'éclatât de rire. Quant au sujet, afin de bien indiquer qu'il n'y avait en son jeu rien d'apprêté d'avance, il demandait qu'on le lui donnât. C'est ainsi qu'un soir, il eut à se poser d'emblée en continuateur de Virgile. On va voir avec quelle incroyable puissance d'invention il trouva alors moyen d'improviser une suite à l'admirable épopée qui est le grand titre de gloire du Mantouan.

L'ÉNÉIDE COMPLÉTÉE

CHANT XIII

 At pater Æneas non encor remplaçaverat
 Didonem : veuf, sponsavit in noce secunda
 Jeunam Laviniam, mais non heureusior il fut :
 Errarunt tous deux, separati tempore longo,
 Et se retrouvaverunt Bordosus in urbe
 Là, Lavinia grosse, de Millaude, futuro

> Banquiere, accouchat, qui portat d'oro lunettas :
> Celui-ci, si non fondavit Romamque nec Albam
> Fondavit *Lutinum* cum Lireux atque theatrum.
> Parisiem venit, et se mit pourchassare l'argent :
> Camaradi le connaissent sub nomine Moses,
> Mais concurrentes appellant hunc Polydorum,
> Qui veut dicere : *Beaucoup d'or ;* et justificavit
> Un tel surnomen cum Mires, fidus Acathes.
> Quartierum instituit, pour faciliter locatairos,
> Mais profitavit solus. Construxit hotellum,
> Esbrouffans Asiæ luxus ou plutôt etrusqui,
> Placa sancti Georgi ; meublavit que richessis
> Qu'il portavit d'Italie : alors litteratura
> Invitata fuit pour dîner. Sic ego Méry
> Chantavi : « O Millaut dicis : que l'actionarus
> » Sit, factus fuit actionarus : puis, que Girardus
> » Pour toi brisat plumam, brisavitque Girardus
> » Et que Pacificus coulat in Atlanticum,
> » Et déjà Pacificus s'embrasse avec Atlantico.
> » Car ainsi voluit Millaud.... »

On ne voulut pas entendre plus long. Ces vingt-six alexandrins d'une facture tout à fait virgilienne grisaient tous les assistants de surprise et d'enthousiasme. Pour témoigner de la grandeur de l'événement, Adolphe Gaiffe, qui était au nombre des convives, brisa son verre mousseline, imitant en cela une des pratiques du tzar. Tous les autres applaudissaient avec furie.

— Eh bien, s'écria Méry en se rasseyant, puisque mes vers latins ont si bien réussi, je terminerai ce grand poème au prochain dîner, en disant, selon la formule : *La suite au prochain dessert.*

Autre guitare.

En 1854, Méry passait la journée à Monte-Cristo, avec Alexandre Dumas.

Dès onze heures du matin, l'auteur d'*Héva*, qui était cependant l'homme le moins matinal de Paris, était installé à Saint-Germain.

On déjeuna gaîment ; Méry fut étincelant dans une causerie où il soutint que les seuls gens heureux de la terre étaient les voyageurs et les gens sans position, et que plus un homme était né dans ce qu'on appelle « une famille honorable », plus il était à plaindre.

On se serait récrié contre tout autre moraliste qui aurait osé avancer de telles théories, mais on laissait le brillant convive *jouer* son paradoxe. On savait que le premier qui en rirait, après le feu d'artifice de la conversation, serait Méry lui-même.

Après s'être levé de table, le causeur humoristique chercha dans sa poche une comédie dont il venait lire les principales scènes à son hôte, mais il lui fut impossible de la trouver. Aussi distrait que spirituel, il avait oublié son manuscrit au logis.

Alexandre Dumas proposa alors à Victor Cochinat d'aller chercher la pièce à Paris. Cela allait fort peu au pauvre mulâtre ; mais, néanmoins il consentit à faire cette corvée, — à une condition cependant, c'est que Méry mettrait en vers, pour lui seul, la thèse qu'il avait soutenue à table, et qu'il lui donnerait en toute propriété l'autographe de ce paradoxe. Le poète consentit. Victor Cochinat partit pour Paris, et, à son retour, qui eut lieu vers trois heures, il trouva sur la grande table en sapin, où Alexandre Dumas a écrit tant de drames ingénieux, les vers suivants que Méry avait moulés de sa grande et large écriture :

DESTINÉE DU FILS DE FAMILLE

>Cet être a de doux privilèges :
>Quand sa vie est à son matin,
>Il va, sur les bancs des collèges,
>Pour ne pas savoir le latin.
>Il passe des auteurs antiques
>Au calcul des mathématiques ;
>Il déjeune avec du pain sec,
>Et, sur une chaire pédante,
>Il voit Virgile, Horace, et Dante
>Qui semblent tous lui parler grec.

— Un instant ! s'écria Alexandre Dumas, ce n'est pas assez pour ce Phocéen de faire de jolis vers ; il faut qu'il les chante, car, après tout, il est un ténor léger.

— Soit, riposta Méry, je chanterai.

On fit venir une guitare, empruntée à la cuisinière, et Méry reprit vite :

>Après dix ans de servitude,
>Il sort, un accessit aux mains,
>Brisé par Tissot et l'étude,
>Raillant les Grecs et les Romains.
>Son père lui dit : Il faut être
>Avocat, médecin ou prêtre ;
>Choisis des trois, il en est temps ;
>— Voyons, mon fils, que veux-tu faire ?...
>Le fils répond : — Moi, je préfère
>Boulevarder jusqu'à vingt ans

>En effet, le fils se promène ;
>En souvenir des doux jeudis,
>Il en met sept dans la semaine :
>Il a trouvé le paradis.
>Le jour, il arpente la ville,
>Le soir, il siffle un vaudeville,
>Ou, dans un café babillard,
>Fume, avec des amis intimes,

Un cigare à trente centimes,
En carambolant au billard.

Parfois, — voilons bien cette chose! —
Une Aspasie aux cheveux noirs,
Cachant l'épingle sous la rose,
L'appelle dans l'ombre des soirs.
Il accourt, beau d'étourderie ;
Et, pour sa lecture chérie,
Dès ce jour, il n'a qu'un auteur,
Il n'a que la brochure unique,
Cours de morale hygiénique,
Œuvre de Boyveau-Laffecteur.

Un soir, dans une comédie,
Au théâtre, il voit un cousin
Lancé dans une intrigue ourdie
Avec la femme du voisin ;
Pour cet innocent badinage,
Il cherche dans le voisinage
Un ami d'enfance et de cœur ;
Sa femme est jeune, blonde et belle,
Longtemps il la trouve rebelle,
Puis l'heure sonne, il est vainqueur.

Mais pour payer à la patrie
La dette qu'on solde à trente ans,
Il prend des mœurs et se marie,
Lassé des amours inconstants.
Cela marche bien deux années ;
Après tant d'heures fortunées,
Ce gendre, ayant un peu grossi,
Se fâche avec sa belle-mère,
Qui, dans une tristesse amère,
Voudrait être sa fille aussi.

Dès lors, la discorde inféconde
A mis le pied dans la maison,
Un éternel tonnerre gronde,
L'azur déserte l'horizon.
Au sein d'une oasis voisine,
Le mari cherche une cousine

Pour lui confier ses douleurs,
Et l'Ariane délaissée
Cherche déjà dans sa pensée
Le Bacchus qui sèche les pleurs.

Alors le mari devient grave,
Il écrit de nombreux essais
Sur le sucre de betterave
Es le cachemire français.
Parfois il se fait antiquaire,
Ou d'une caisse hypothécaire
Il devient agent principal,
Et, de ses électeurs, l'idole
Promet à son front l'auréole
Du conseiller municipal.

Quand la cantilène fut finie aux applaudissements de tous ceux qui se trouvaient là, Alexandre Dumas, père, reprit la parole.

— Mon cher Méry, dit-il, avec quelle verve vous filez les sons ! Si, demain, je devenais directeur de l'Opéra-Comique, je vous présenterais un engagement en blanc : — « Ténor léger », dirais-je, mettez au bas la somme qu'il vous plaira.

A dix ans de cette soirée, lorsque l'auteur d'*Héva* mourut, rue Notre-Dame-de-Lorette, il pouvait s'écrier, après Néron : *Qualis artifex pereo!* — Quel grand chanteur meurt en moi ! »

— Méry est autant chanteur qu'enchanteur, — disait Hector Berlioz.

XXIX

A BAS LA LYRE!

Depuis le prodigieux succès de *l'Assommoir* en roman et au théâtre, nous voguons en plein naturalisme. On ne met plus de mitaines pour dire les choses. La consigne de M. Émile Zola et consorts est de les dire telles qu'elles sont, sans barguiner.

Un melon n'est pas un ananas et un entrelardé aux choux n'est pas une perdrix aux oranges.

Tout au moins la vérité dans l'art y gagnera. C'est bien quelque chose, n'est-ce pas?

Eh bien, puisqu'il en est ainsi, puisque l'on doit tout dire et appeler les choses par leur nom, je me demande pourquoi et comment les poètes du jour se servent encore du mot lyre.

Ce mot-là, c'était bon pour les anciens, lesquels étaient tous des paltoquets, vous ne l'ignorez pas. Pardieu, il n'y a pas jusqu'à André Chénier qui ne soit à reprendre à ce sujet. L'auteur d'*Homère mendiant* a même abusé du mot, puisqu'il le met même dans la dernière strophe qu'il ait faite.

> .... J'essaie encor ma lyre.

Oui, mais André Chénier était d'origine grecque.

> Byzance, mon berceau...

Qu'est-ce qui ne sait pas ça? Dès lors, on peut voir là dedans une affaire d'hérédité ou d'atavisme, comme on dit si bien de nos jours. André Chénier serait amnistié, mais Lamartine, entre nous, est sans excuse. Lisez : le *Poète mourant*, une élégie qui date, je crois, du règne de Charles X. Mon Dieu! le mot lyre s'y trouve en toutes lettres.

On répondra, je sais bien, que Lamartine est mort depuis seize ans; Paris a donné son nom à l'une de ses rues et Mâcon a coulé l'homme lui-même en bronze. Dès lors il a droit de figurer parmi les antiques. N'en parlons plus. Parlons de ceux d'à présent.

— Je prends ma lyre, dit un Parnassien du passage Choiseul.

— O ma lyre, frémis! s'écrie quelque part M. Théodore de Banville.

D'un autre côté, l'éditeur Calmann Lévy a annoncé un volume de vers posthume de Victor Hugo.

Cet in-octavo aura pour titre : *Toute la lyre*.

— Voyons, faisons-nous du naturalisme, ou bien n'en faisons-nous pas?

Les poètes du jour, dont ce dernier, si grand et si justement admiré, sont-ils sérieux dans leur langage?

Quand ils parlent de la lyre, on est poussé à se

demander de quelle façon ils s'y prennent pour faire ou pour chanter leurs vers.

Il y a dix-huit cent quatre-vingts ans, sous Auguste, Virgile avait une lyre, et il en jouait; Horace en avait deux, une en écaille de tortue et une autre en ivoire, et il en jouait aussi; Ovide en avait trois, et il en faisait jouer à la fille de César, raison pour laquelle il a été exilé chez les Sarmates, où il vivait, hélas! en buvant du lait de jument.

Mais aujourd'hui, comment se permettre de parler encore de lyre?

Premier point : les poètes ne chantent pas leurs vers; ils les écrivent ou ils les dictent. Les plus convaincus les déclament, et c'est fort déplaisant pour les oreilles qui les écoutent; mais quant à ce qui est de jouer de la lyre, vous savez que ce n'est pas plus vrai qu'un conte de la mère l'Oie.

N'importe, on persistera.

Les poètes diront encore demain :

— La lyre, ma lyre, sa lyre, leur lyre, toute la lyre!

En fait d'instruments domestiques, nous autres Français du dix-neuvième siècle, nous connaissons le piano d'acajou ou de palissandre, la guitare, l'orgue, l'accordéon, la cithare. Ajoutez-y la harpe, si vous voulez. Mais quel est le marchand de luths ou de tout autre ustensile musical qui vous dira :

— Monsieur, voulez-vous acheter une lyre?

— Mais, dira-t-on, la lyre, c'est l'usage. Depuis Clément Marot, qui vivait sous François Ier, jusqu'à M. Coppée, qui vit sous les portiques du Théâtre-Français, c'était un mot consacré. Et même M. Sainte-

Beuve, parlant des faiseurs de vers, quand il était quelque peu courroucé, s'écriait :

— Ah ! ces râcleurs de lyre, mot qui rime si bien avec délire !

Bon ! mais, du temps de Sainte-Beuve, — il y a de cela vingt ans au plus, — le naturalisme n'était pas encore inventé; M. Émile Zola n'avait pas fait *l'Assommoir*, et nul n'osait appeler les choses par leur nom.

Conséquence forcée : — A bas la lyre ! Parlez de piano ou de guitare, à la bonne heure; on saura ce que ça veut dire, ou même non, bornez-vous à dire que vous faites des vers, sans instrument de musique. Il n'y aura plus ni illusion, ni idéal; il y aura la vérité.

— Parbleu ! s'est écrié Colmance, l'auteur des *P'tits Agneaux*, nous aurons toujours bien le droit de dire la guimbarde, toute la guimbarde !

Naturalisme, où nous conduis-tu ?

XXX

GUITARE

Question charmante et grave :
— Où les jeunes femmes du monde apprennent-elles les manières du monde?
— Eh, pardieu! dans le monde.
— Point du tout.
— Où donc alors?
— Au théâtre.

Très sincèrement, j'ai entendu faire la question et la réponse comme je viens de vous le dire.

Une jeune fille d'en haut, on l'élève au couvent des Oiseaux ou bien à la maison de la Légion d'honneur, à Saint-Denis; mais, est-ce dans l'un et dans l'autre de ces deux endroits qu'on lui enseigne à s'habiller, à se coiffer, à jouer de l'éventail, du lorgnon ou de l'ombrelle, à marcher, à sourire, à faire des mines?

— Evidemment non.

Bien avant d'avoir ses entrées dans les salons, la belle

enfant, pendant les vacances ou seulement un soir de congé, va à la Comédie française ou au Gymnase.

Là, on lui montre Célimène, et elle l'admire; elle lorgne Araminte ou Valentine, et elle se dit tout bas :

« — Voilà comment il faut porter la tête ou tenir son bouquet, quand on en a un ».

Vous voyez d'ici en quoi consiste toute cette éducation qui provient du théâtre.

— Fort bien; mais, s'il faut s'en rapporter aux romanciers naturalistes, les grandes dames d'aujourd'hui auraient fort mauvais ton. D'où cela vient-il donc? Est-ce que ces dames-ci ne vont plus au théâtre?

— Si, elles y vont, et presque tous les soirs. Mais sachez-le, il n'y a plus d'actrices dans la véritable acception du mot; il n'y a plus que des grues ou des poupées à ressort sur nos planches. Par conséquent, les jeunes filles du monde ne peuvent plus rien apprendre.

Vous croyez que je vous dis une bourde?

Allons, suivez bien mon raisonnement.

Les femmes de théâtre d'aujourd'hui peuvent être belles, elles n'ont plus de distinction, et rien n'est plus concevable.

Qui fréquentent-elles? De gros banquiers, des entrepreneurs de bâtisses, des négociants, tous hommes ayant le sac, mais sachant à peine signer leur nom. Évidemment ces protecteurs-là sont des harengs sentant la caque d'où ils sont sortis. Ils seraient incapables de communiquer à ces filles d'en bas, si bien pomponnées, du reste, le bon ton, les manières faciles, l'abandon, qui rayonnaient jadis avec tant d'éclat sur la scène française.

— Mais, Monsieur, jadis, mademoiselle Contat, mademoiselle Mars, mademoiselle Mante, avaient l'air de marquises et de duchesses.

— Parce qu'au foyer elles étaient constamment à soutenir des conversations avec l'élite des hommes d'alors. Nos comédies, nos drames, nos vaudevilles, représentent encore et représenteront toujours la société aristocratique; mais ce ne sera plus nature, parce que vous n'avez plus que des gommeux, des poisseux, des *pschutt* et des *v'lan*. Conséquence forcée : les actrices n'ont plus d'élégance que dans l'étoffe de leurs toilettes.

— Ainsi, c'est la faute des hommes ?

— Absolument. Si vous voulez que cela change, refaites des hommes polis, chevaleresques, aimables, et cætera, et cætera, et ce ne sera pas facile. Jusque-là, il faudra se dire qu'un cocher de l'ancien régime en remontrerait, en fait de belles manières, aux jeunes millionnaires d'aujourd'hui.

La belle affaire, avoir des millions, si vous n'avez pas l'allure de Létorières, ni le langage euphonique de Lauzun !

Revenons aux jeunes filles du monde.

Où la vérité que nous venons de mettre en relief est surtout évidente, c'est quand il s'agit de celles des jeunes personnes qui font de la musique. Petites marquises, petites comtesses, petites baronnes, petites princesses, on leur donne invariablement pour modèles les cantatrices en vogue. Même au milieu de l'austère faubourg Saint-Germain, la consigne est d'imiter le plus possible une chanteuse en vedette sur les affiches. Que de fois, rue Saint-Dominique, rue du Bac ou autres lieux circonvoisins, on a entendu les vénérables matrones de l'endroit s'écrier en montrant leur petite fille assise au piano et jouant quelque grand air du drame lyrique en vogue :

— Est-ce que vous ne diriez pas un second exemplaire de la Grisi ?

La Grisi, dans la *Norma* ou dans *Anna Bolena,* c'était la coqueluche de nos grandes dames. Parmi les petites châtelaines, c'était à qui aurait avec cette fauvette d'Ausonie un air de parenté. Plus tard, dans des temps plus nouveaux, est venue la Patti, une marquise d'un jour, comme vous savez.

— Mon cher, disait un oncle titré à son neveu, celle que je veux te faire épouser a une voix charmante. Mieux que ça, elle rappelle la Patti.

— Pas en tout, cher oncle, j'espère, répondit le jeune homme avec effroi.

Le fait est que le mariage ne s'est pas fait.

XXXI

UN DRAME EN MER

Nommons-la, si vous voulez, Paula.

Ah ! la charmante jeune fille ! Ah ! la jolie chanteuse à roulades !

Les uns disaient : — Une perle ! Les autres : — Une étoile !

Mettons-les d'accord.

Paula était l'une et l'autre.

A Paris, où le succès réussit tant, la vie de Paula était faite de bravos, de feuilletons louangeurs, de bouquets jetés à ses pieds, de nobles étrangers qui lui envoyaient, non des vers, mais des invitations à souper au Café Anglais.

Paula, heureuse de tout ce mouvement, répondait, hélas ! suivant le langage du jour :

— Messieurs, je vous dis : Zut !

Un jour, il lui arriva un télégramme de l'autre monde.

Je ne sais plus quel Barnum lui demandait d'enjamber l'Atlantique pour venir se faire entendre sur les théâtres du Brésil pendant deux saisons seulement. Moyennant quoi elle recevrait, sans effort, deux choses bien difficiles à rassembler : la fortune et la gloire.

Paula laissa retomber sa jolie tête sur son coude, un moment, puis elle dit au Barnum, en langage télégraphique :

— J'accepte, Monsieur.

Et elle partit pour l'Amérique du Sud, à destination du Brésil.

Suivons-la sur le bateau.

Paula se rendait donc à Rio de Janeiro, où l'appelait un engagement tissu d'or et de soie.

— Paula est ici ! se disaient les passagers.
— La jolie Paula !
— Paula qui a un gosier de fauvette !
— Paula la perle !
— Paula l'étoile !
— L'incomparable Paula !

A bord de tout navire, les passagers sont galants : c'est de tradition, cela. Aussi notre belle voyageuse fut-elle vite entourée d'une cour assidue.

Mais Paula savait que si les reines du théâtre épousent quelquefois des bergers, les simples mortels, les bourgeois, les notaires, les banquiers, n'épousent jamais leurs maîtresses. Paula déclara donc tout haut qu'elle n'accepterait que les hommages d'un mari.

Un mari ! Eh ! de par l'hymen, il s'en présenta jusqu'à trois ! Que faire ? Qui choisir ? Lequel prendre de préférence entre ces trois amants également empressés et pressants?

Paula eût une idée : c'était d'aller confier sa peine au capitaine du navire, à qui, du reste, elle avait été paternellement recommandée.

Au récit de la jolie chanteuse, l'officier de marine sourit.

— Mademoiselle, dit-il, je vois ce qui vous gêne.

— Qu'est-ce donc?

— C'est que vous avez l'embarras du choix.

— Hélas! oui, loup de mer; mais comment donc sortir de cet embarras?

— Oh! mademoiselle, de la façon la plus simple du monde.

— Que voulez-vous dire, capitaine?

— Nouvelle Pénélope, mettez vos prétendants à l'épreuve.

— Ça va.

— Eh bien, que celui qui vous prouvera le plus de dévouement devienne votre préféré.

— Très bien dit. Mais l'épreuve, que sera-t-elle, capitaine?

— Voici, ma chère enfant. Nous allons organiser une petite noyade pour rire. Jetez-vous résolûment à l'eau, en pleine mer, et choisissez pour époux celui de vos amoureux qui se sera précipité dans les flots pour vous sauver. Au reste, pour vous, la belle, pas le moindre danger; vous pouvez m'en croire. Un canot de sauvetage est là, tout prêt pour vous recevoir.

Le projet de l'officier s'accomplit à la lettre.

A un moment, Paula feint de se laisser tomber à la mer.

Immédiatement, deux des jeunes gens sautent par-dessus le bastingage.

Le troisième ne bouge pas.

Mais les deux premiers, terre-neuve d'occasion, ne savaient pas nager. Ce fut à grand'peine qu'on les repêcha.

Quant à Paula, elle était depuis longtemps en sûreté dans le canot disposé pour elle.

— Eh bien, lui demanda le capitaine en la retrouvant sur le pont, êtes-vous fixée, maintenant ?

— Mais non, moins que jamais. Ne sont ils pas deux qui se sont jetés dans la mer ?

— C'est vrai. Mais tenez, mademoiselle, entre ces deux-là, je vous prie de croire que mon cœur ne balancerait pas.

— Comment ?

— Non ! Je ne voudrais, moi, ni de l'un ni de l'autre. Voyez donc ! des jeunes gens, des fous, qui se jettent à l'eau sans savoir nager ! Quel manque de réflexion ! quelle légèreté !

— Vous avez raison, capitaine. Des gens aussi dépourvus de bon sens feront de bien tristes maris.

— Pitoyables ! Et, à votre place, moi, je prendrais...

— Le troisième, peut-être ?

— Le troisième, précisément, celui qui n'a pas bougé, l'égoïste.

Eh bien, non : elle a choisi le capitaine.

Et c'est bien fait.

— Capitaine, vous paierez pour tous les autres !

XXXII

ADELINA PATTI A L'EDEN

(LE 3 FÉVRIER 1886)

———

Adelina Patti revenant tout à coup à Paris, après vingt ans d'absence, ce serait le cas ou jamais de chanter le vieil air de notre enfance : *T'en souviens-tu ?* Il s'est écoulé un quart de siècle ou à peu près depuis le temps où la diva se faisait si bien applaudir à la salle Ventadour dans un opéra-bouffe : *Crispino è la Comare.* Que de choses depuis ce temps-là ! — *Premièrement,* la petite chanteuse d'Ausonie s'est mariée et elle est devenue marquise. Toujours l'histoire de Georges Dandin retournée, appliquée aux femmes de théâtre qui réussissent. *Secondement,* il y a eu le voyage triomphal en Russie. Paris fait les réputations d'artistes. Londres les consolide, Pétersbourg les couronne de diamants. Voilà la règle. — *Troisièmement,* premières bisbilles entre époux, racontées, hélas ! par la presse de l'Europe entière. Deux camps se forment. Dans l'un, on accuse M. le marquis de perdre au jeu l'or que gagne sa femme, l'Étoile. Dans l'autre, on se mêle déjà de dire que la cantatrice donne des coups de canif dans le contrat de mariage. — *Quatrièmement*, le papier timbré commence à se montrer. On parle d'une demande en séparation de corps, introduite par M. le marquis, peu disposé à accepter le rôle de Sganarelle. — *Cinquièmement*, très belle tournée en Amérique, où les Yankees, ces demi-sauvages qui n'ont encore que des oreilles de Mohicans, payent un million pour avoir l'air d'entendre une voix de fauvette, eux dont les grandes forêts nourrissent tant de rossignols. — *Sixièmement*, retour en Europe; on divorce en partie double; Adelina Patti peut, grâce à M. Alfred Naquet, rompre en riant, en pleine mairie, les lourdes chaînes du mariage, et, de son côté, M. Nicolini en fait autant. — *Septièmement*, on achète en Écosse, — dans la verte et poétique Calédonie, — un beau cottage, allongé d'un parc, — où l'on viendra prochainement vivre à deux comme dans une cénobie mondaine, loin du soleil de la rampe: mais pour y avoir tout le confortable compatible avec les belles mœurs du temps, il s'agit d'abord, d'arrondir un peu la fortune qu'on est parvenu à refaire.

Voilà pourquoi a eu lieu, à l'Éden, le concert du 3 février 1886, à cinquante francs le billet.

Vingt ans, cela devrait compter; c'est toujours une chose qui se fait voir sur la tête d'une femme. Vingt ans, et elle serait encore jeune ! Que voulez-vous que je vous dise? La divine cantatrice, l'enfant d'adoption du grand Paris, la chanteuse aimée des cinq parties du monde, Adelina Patti enfin, a reparu hier, à sa grande joie, sur une de nos scènes.

On l'a fêtée, comme il convenait.

On l'a fleurie, ainsi qu'on le devait.

On l'a rappelée encore, et encore, et toujours.

Et l'artiste volage a ressenti, j'en jurerais, une douce émotion à revoir son public fidèle, son vrai public, celui qui seul l'a faite ce qu'elle est, et qui seul avait qualité pour la juger et la consacrer.

Au fond, ses voyages perpétuels l'agacent et la fatiguent. Les foules étrangères l'amusent peu. Elle s'épuiserait à continuer longtemps ce jeu. Déjà, cet automne, une maladie sérieuse l'a forcée à s'aliter d'abord, à suivre un régime sévère ensuite. Un peu de poisson bouilli, quelques pommes de terre à l'eau, de loin en loin, un morceau de bœuf rôti, c'est tout ce qui lui est permis. La moindre écrevisse lui donnerait des crises terribles. Le mouton même lui est interdit.

Ah ! dame, ce n'est pas toujours une sinécure d'être grande artiste !

Bref, elle est irritée de ces allées et venues continuelles. Il y a quinze jours, une bronchite a failli compromettre toute sa saison d'hiver, et a interrompu sa tournée en Autriche. Elle va chanter jusqu'au printemps, puis se reposer pendant tout l'été au pays de Galles, dans la propriété somptueuse que M. Nicolini, avec qui elle s'est remariée, gère intelligemment et embellit amoureusement. Puis elle entreprendra une dernière tournée en Amérique, histoire de gagner un million encore. Et enfin adieu le public et les succès. La Patti se fera châtelaine et ne verra plus que ses amis. Elle leur écrira de petits billets passés à l'ambre, où l'on pourra lire ces mots : « Venez donc passer l'automne chez moi, en Ecosse, dans le pays de Walter Scott ! »

Mais ne mettons pas la charrue avant les bœufs. Il s'agit de raconter le concert de l'Eden, les galeries de la Gomme.

Laissons la parole à un témoin oculaire et auriculaire, alerte mais véridique comme Scapin.

« A neuf heures, heure militaire, la fête commence. En guise de décor, un palais indien. On a prodigué les lumières, les fleurs et les musiciens. — Très certainement, c'est bizarre, cela. Pourquoi donc les vieux dilettanti regrettent-ils l'ancien théâtre de Ventadour ?

Regardons un peu ce qui se passe dans la salle. Ah ! cette salle, que d'or ! que de peintures lascives ! que d'art qui sue la décadence ! Et justement le public qui accourt est d'un style à part, aussi. On y démêle bien un peu du beau monde d'autrefois ; pourtant les duchesses du faubourg et les baronnes de la finance n'ont pas trop osé s'aventurer. — « Songez donc ! cette » petite pimbêche d'Italienne qui s'est si vite lassée » d'être marquise ! Est-ce que ce n'est pas de plus mauvais » exemple, ce coup de tête-là ? Et ce sera pour s'appeler » demain madame Nicolas, — *Madame Nicolas*, — par » le jardinier de son cottage, car Nicolini, c'est un nom » français *italianisé*. » — Et, en disant ces belles choses, ces dames débouchent le flacon d'éther pour se le poser sous les narines. — Çà et là, dans les loges et aux galeries, beaucoup de belles personnes qu'on ne rencontre d'ordinaire que lorsqu'on fait le tour du lac.

Elégance mixte. Beaucoup de ces dames en chapeau. Très peu « en peau. » — Spectateurs d'une froideur glaciale. Tous les représentants du journal en sont frappés, — comme des bouteilles de champagne.

Successivement défilent une chanteuse, une violoniste, un pianiste et des motifs d'orchestre dirigés par M. Godard : Benjamin pour les fils de Jacob.

A dix heures un quart, entrée de l'étoile.

La Patti est vêtue d'une robe chair à biais de brocart frappé avec épaulettes et collier orange vif. Des diamants, des diamants et encore des diamants, comme si ça ne coûtait que la peine de chanter.

Une petite ovation lui est faite et la virtuose commence.

Elle finit et une longue salve l'accueille. Aussitôt, et comme par enchantement, surgissent cinq laquais en livrée virginale, porteurs de cinq bouquets gigantesques qu'ils présentent au public, enchanté de cette petite exhibition florale.

La Patti sort, les bouquets la suivent à la file indienne.

Le public la rappelle. Les bouquets, que l'on n'avait pas redemandés, reviennent saluer les spectateurs.

Cela calme l'enthousiasme et l'on s'en tient là.

Entr'acte. Quinze minutes d'arrêt. Buffet. Conversations vives et animées : Eh bien ? — Ah ! ah ! — Hé ! hé ! — Heu ! heu ! — Hou ! hou !

La seconde partie comprend un assaut de chanteurs mâles, compliqué d'un duel entre violon et harmonium pendant l'exécution de l'*Ave Maria* de Gounod par la Patti.

Seulement cette fois, on supprime la promenade des bouquets. Ils ont dû être bien vexés.

Bis et rappels. N, i, ni, fini.

En somme tout s'est bien passé, et la Patti des dilettanti a eu raison de... l'apathie du public. (Lecteur, pardonnez le jeu de mots) ».

Mon Dieu ! que la gloire et le succès coûtent cher ! Un jour qu'Alexandre Dumas, fils, au lendemain d'un de ses triomphes, venait d'éprouver une contrariété ; l'auteur de la *Dame aux Camélias* écrivait à l'un de ses amis : « Il vient de tomber une mouche dans une jatte » de lait. » Ce cri, la cantatrice tant applaudie pourrait le faire entendre, à son tour. La surveille de ce beau concert de l'Eden, il paraissait à Vienne un livre ou un pamphlet, — je ne sais au juste lequel — où elle est dévoilée de face et de profil. Cela a pour titre : *Quatorze ans avec Adelina Patti : Mémoires intimes*, par madame Louisa Law, et la chose a été, sans retard, traduite en français.

Tout n'est pas à reprendre dans cette publication d'une amie sur son amie, quoique ce soit bien vite jeter une jeune célébrité en pâture aux indiscrétions de l'histoire.—Laissons de côté ce qui confine à l'alcôve. — Beaucoup d'anecdotes et de fort intéressantes émaillent ces trois cents pages de racontars. — Il s'y trouve un curieux chapitre sur les admirateurs d'Adeline Pattin. — Auber, Meyerbeer et Rossini comptaient parmi les fidèles de la Diva. Rossini surtout l'entourait de prévenances amicales. Lorsqu'il venait la visiter, le maître s'annonçait en jouant avec un doigt, sur le piano, le vieil air connu : *J'ai du bon tabac dans ma tabatière*.

Souvent il apportait, plié dans un journal du jour, un certain fromage de Pesaro, très estimé de son amie, et celle-ci manquait rarement de dire, en forme de remerciement : « Ce fromage est le plus beau jour de ma vie. »

Au demeurant, la cantatrice a quelque peu l'air d'être un grand philosophe, et comme elle a bien raison de se faire de bonne heure en Ecosse une belle et douce retraite, d'où elle lorgnera le monde, — en riant de lui, — à son tour !

EN MANIÈRE D'ÉPILOGUE

En France, tout passe. Les révolutions s'enroulent sur les révolutions. En vingt années, cent choses ont disparu et dix de nos grands hommes ont été emportés. Seul, le distique, sous forme de madrigal, est resté debout comme si nous étions encore au temps où florissait l'*Almanach des Muses*. Or, à cette mirifique soirée de l'Eden, le quatrain-madrigal devait reparaître et il a reparu. Parmi les lilas blancs et les œillets de poète qu'on jetait à profusion sous ses pieds, madame Adeline Patti a trouvé sur papier pelure d'oignon, ces quatre vers, un peu semblables à un écho du règne de Louis XV.

> En votre absence, hélas! bien longtemps mon oreille,
>   Adeline, a pâti.
> Vous paraissez enfin, et mon cœur se réveille,
>   Adelina Patti!
>
> X***

On se demande quel est cet X***, signe de l'inconnu en mathémathique? Sous l'ancien régime, à l'époque de la Pompadour, celui qui a parfilé ce petit poème aurait pu être un abbé de cour ou, pour le moins, quelque chose comme un mestre de camp. Le vent des orages politiques a emporté dans le royaume des ombres ces deux espèces. Qu'est-ce que ça peut bien être en 1886 ? Un Poisseux ? Un V'lan ? Un Pschutt ? Non, ces messieurs déclarent ne savoir écrire ni en prose ni en vers, vu leur qualité de gentilshommes. Il y a quelque chance pour que ce soit quelque fidèle des anciens Italiens, un Nestor de l'orchestre, aujourd'hui rangé par les rigueurs du grand âge dans l'humble catégorie des joueurs de dominos, ou de ceux qui font des mots carrés. — N'importe. Petit quatrain-madrigal, je vous salue !

XXXIII

TRILLES, ANDANTES ET ALLEGRI

En Europe, deux clichés sont fort à la mode : la mobilité de Naples, l'ingratitude de Paris.

Paris est-il donc réellement ingrat ?

En 1856, Rossini manifesta tout à coup l'intention de quitter la grande ville qu'il était venu habiter depuis un an. L'immense cité ignorait presque l'honneur que lui faisait cet homme illustre en consentant à s'emprisonner dans ses murs. Le prodigieux musicien de la tête duquel sont tombés tant de chefs-d'œuvre entendait bien qu'on le regardât passer, pour le moins. De temps en temps il sortait à pied sur les boulevards ou du côté des sentiers élégants qui mènent au bois.

— Il faudra bien qu'ils fassent attention à moi, se disait Rossini.

Point. La foule hébétée ne demandait même pas quel était ce vieillard morose qui marchait pas à pas, péniblement, étonné, en s'appuyant sur le bras d'un ami ou d'un domestique.

— Allons, je suis déjà comme un mort, reprenait l'Orphée au repos ; l'herbe de l'oubli pousse tout autour de moi.

Un matin, profondément pénétré d'un fait si irrévérencieux, il redemanda donc à grands cris sa voiture et sa feuille de route. Je dis sa voiture, par ce qu'il avait horreur des chemins de fer, qu'il croyait très sérieusement être une entreprise du diable contre les hommes. Il annonçait l'intention de s'enfuir, et pour toujours. L'inattention des autres le tuait. Voilà les grands cœurs ! voilà les beaux esprits ! Ils ne peuvent se faire à l'idée de mourir dans la mémoire des contemporains.

Sans doute, il y avait bien un peu de démence dans cette bouffée d'orgueil ; néanmoins, il faut avouer que Rossini méritait beaucoup mieux de ces habitants de Paris, qu'il avait tant réjouis et si souvent charmés. Durant quarante années, sa merveilleuse musique est tombée, chaque soir, sur notre grande fourmillière, et, pareille à une ondée rafraîchissante, elle l'a constamment rajeunie et renouvelée.

Un jour, pour la première fois, en 1832, — il y a longtemps ! — le choléra étendait ses deux ailes noires sur nous. Il y avait des gémissements à tout coin de rue ; mais le soir, on se disait : « La musique de Rossini nous consolera. » Et ce n'était pas trop dire. — Une autre fois, dans le même temps, la guerre civile grondait dans les faubourgs. Tous les quartiers du travail étaient en alarmes ; le sang et les larmes coulaient. Pour consacrer la fin de la lutte, on disait : « Allons entendre le *Barbier* ou *Guillaume Tell*, ou le *Comte Ory*. » Ainsi,

Rossini passait à l'état de Providence. On le traitait en demi-dieu.

Dans ce temps-là, s'il venait à passer dans la rue, toutes les têtes se découvraient ; Méry s'approchait et lui disait bonjour en vers ; Chevet lui demandait *coram populo* une recette pour faire le macaroni. De cent pas en cent pas, aux devantures des magasins, il pouvait apercevoir son portrait dessiné sur pierre et qui faisait pendant à celui du plus grand tueur d'hommes des temps modernes.

— Ces Parisiens sont charmants pour moi ! se disait celui qu'on nommait alors « le cygne de Pesaro. »

Il s'écoula quelque dix années. L'enthousiasme durait encore ; seulement il se modifia. Il était devenu plus positif, on pourrait dire plus américain. — Une rue était décorée du nom de Rossini ; — on plaçait la statue du maître sous le péristyle de l'Opéra ; — c'était une ivresse calme, c'est un culte dans lequel il entrait de la raison.

— Je puis m'en aller, je suis sûr qu'ils ne changeront pas, se dit l'auteur de la *Gazza Ladra*.

Et il s'en alla à Bologne. — Mais Bologne est encore plus la ville de la mortadelle que de la musique. Il finit par s'y ennuyer et se tourna encore une fois du côté de Paris. Après un exil volontaire de quinze ans, le demi-dieu revint par caprice ou par hasard, je ne sais ; il revint en 1855 et promena un peu partout ses regards étonnés. Quinze ans ! c'est un long espace de temps ; Tacite l'a dit, et nous voyons, tous les jours, qu'il avait bien observé. En quinze ans de temps, beaucoup s'en vont et beaucoup arrivent ; tous subissent, même à leur insu, une complète métamorphose physique et morale. Le goût n'est déjà plus le même, ni l'œil, ni le langage, ni rien du tout. On ne brûle peut-être pas tout à fait ce qu'on a adoré, mais on le casse. Bref, Rossini reparaissant, un matin, entre la rue de la Chaussée-d'Antin et la rue Grange-Batelière, la foule lui dit ou bien eut l'air de lui dire :

— Je ne vous connais pas.

Imaginez cette douleur, comprenez cette déconvenue.
— Il n'étaient plus les mêmes ou plutôt ce n'étaient plus ceux d'autrefois.

— Des chevaux ! des chevaux ! s'écria à la fin le grand musicien ; je ne peux pas rester vingt-quatre heures de plus dans cette ville oublieuse ; — je veux aller m'ensevelir de nouveau dans ma calme et belle Italie, où le soleil console de tout.

Il partit, en effet, mais comme un comédien qui fait une fausse sortie, c'est-à-dire pour revenir au bout de dix-huit mois.

— C'est alors qu'il alla habiter à la corne du bois de Boulogne, à Passy, dans une petite maison que lui avait votée le conseil municipal. Quand il se promenait, on ne le remarquait plus, et il ne s'en affligeait pas.

— Ce n'est pas pour leurs coups de chapeau que je suis revenu, disait-il ; c'est parce qu'il n'y a qu'eux qui sachent faire de beaux enterrements.

*
* *

Boïeldieu, l'aimable musicien normand, auquel on doit la *Dame blanche,* ne savait pas la valeur de l'argent.

LA SÉRÉNADE DE DON JUAN

Tout ce qu'il recevait de droits d'auteur lui glissait entre les doigts.

On a retenu de lui un mot caractéristique :

— Quand je suis venu au monde, disait-il, les fées m'ont fait présent d'une jolie bourse en soie, avec des glands d'or; mais c'est une bourse percée par les deux bouts.

*
* *

On ferait un volume des plus amusants rien qu'avec les billets qu'a improvisés au courant de la plume ce grand enfant de génie qui se nommait Hector Berlioz. Se croyant du bois dont sont faits les Beethoven et en étant peut-être, en effet, il se tenait pour un musicien méconnu et la longue série de ses insuccès avait donné à la forme de son langage une pointe d'ironie qui allait souvent jusqu'à l'injure. Un jour, l'une de ses symphonies n'est pas comprise du public et, le lendemain, il écrit à Taxile Delord. « Tous ceux qui assistaient à ce » concert attendaient sans doute de moi un cadeau, je » veux dire une belle paire d'oreilles d'âne. Une autre » fois, j'en ferai déposer un assortiment au vestiaire. Il » y en aura pour tout le monde, hommes et femmes. »

Parmi les autographes vendus en 1885 par Charles Chavaray, on en distingue plusieurs qui aident à bien comprendre l'esprit de cet excentrique de l'art.

Enumérons-les, suivant le catalogue distribué :

1° L. a. s. à Emile Deschamps (mars 1834); 1 p. in-8.

Curieuse lettre. Il l'invite à venir le voir après la répétition de *Don Juan,* car il est lui même trop esclave pour assister à la *prora prima*, » mais j'aurais beaucoup à causer avec le poète de Mozart. Il nous faut faire mousser le chef-d'œuvre, de manière à donner des vertiges aux amants de la grosse caisse... »

2° L. a. s. à M. Frelon; 2 novembre 1847, 2 p. in-8.

Piquante épître. Il a examiné son manuscrit sur l'enseignement musical et il l'a trouvé de tout point excellent. Il souhaite qu'il puisse mettre en pratique ses idées : « Cela viendra peut-être quand vos forces seront affaiblies, quand votre feu sera à demi éteint. Mais ne comptez pas sur la bonté de votre cause, ni sur l'évidence des faits que vous exposez pour vous faire ouvrir la lice... Au contraire, méfiez-vous de l'avantage d'avoir cent mille fois raison. Quand on vit parmi des imbéciles, la seule manière de faire son chemin est de se montrer plus stupide qu'eux. »

3° L. a. s., 1 p. 1|2 in-8.

Jolie lettre. Il est très souffrant; malgré cela il est obligé d'aller au Théâtre Lyrique « avaler une drogue en un acte. »

*
* *

Rubini, le grand chanteur, n'avait en tête qu'une pensée :

— Devenir millionnaire, disait-il, et me retirer du théâtre !

Millionnaire, il l'était, en effet, après vingt-cinq ans d'efforts, de veilles, de triomphes et d'économies.

En 1850, il se retira à Romano, dans l'État de Bergame.

En 1851, il s'ennuyait.

En 1852, il jaunissait.

En 1853, il tombait malade.

En 1854, il mourait.

La belle avance! Avoir gagné un milion pour les autres !

**

Avant d'être une actrice à la mode, mademoiselle Z... était ce qu'on appelle vulgairement une petite cruche, mais, en même temps, une dépensière endiablée.

Comme un agent de change avait mis à ses pieds la clef de son coffre-fort, elle en usait et en abusait; elle faisait donc rouler l'or et voltiger les billets de banque jusqu'au jour où il y eut rupture.

Depuis lors, étant devenue célèbre, et ayant entendu dire que l'agent de change parlait partout de sa prodigalité, elle a voulu prendre sa revanche.

Riche, fêtée, adorée par les jeunes beaux qui mangent leur fortune avec elle, mademoiselle Z... a envoyé à son ancien protecteur une petite cassette très-bien garnie avec un billet sur papier rose où, de sa belle main, elle avait écrit :

« Voilà les cinquante mille francs que vous m'avez *prêtés* autrefois. Je vous prie de remettre la quittance au porteur.

» Si vous refusiez, je me verrais forcée de vous faire sommation par voie d'huissier. »

Il n'y a que dans le Paris moderne qu'on puisse voir de ces choses-là.

**

Dans un autre de nos livres (*Petits Mémoires d'une stalle d'orchestre*), publié en 1885, nous avons longuement parlé de Darcier, le Frédérick Lemaître des cafés-concerts. Encore un mot ici, à propos de ce prodigieux chanteur qui aura passé trop vite. Pas un autre n'aura autant que lui résumé le peuple de Paris. Jules Janin avait déjà dit de lui, en 1848 : « Son œil malin est tout plein de la blague des faubourgs. » Quand il chantait dans les cercles *Faites des enfants*, plus d'un mari, en rentrant, embrassait madame patriotiquement !

Un soir, chez Carjat, il égrena son chapelet de romances et de chansons. C'est là que nous entendîmes *le Pain*. Darcier pétrissant le clavier avec ses mains d'hercule et criant : « *Il faut du pain!...* » Rien ne peut donner une idée de l'éloquence tragique qu'avaient ses yeux inspirés, pleins de larmes, et son masque d'apôtre ! Artistes, peintres, gens de lettres, romanciers, comédiens, restèrent de neuf heures du soir à une heure du matin à se griser de Darcier ! Quel triomphe !

Chose curieuse, s'il était très beau en public, il savait être très doux dans l'intimité. Il fallait lui entendre alors chanter la *Tour Saint-Jacques*, de son ami Hachin, ou les *Canons* dont le refrain contient ce vers :

> Taisez vos gueules, qu'on s'entende !

ou encore le *Sonnet d'Arvers* dont on peut dire que la musique est d'un Chopin moderne. Le nombre des œuvres musicales de Darcier est immense.

Il n'a pas fait fortune, malgré sa vogue extraordinaire, car c'était un misanthrope, un indompté : s'astreindre à être à la discrétion des gens du monde qui voulaient lui ouvrir leurs salons, il ne put s'y résoudre. Il préférait aller s'esseyer avec les Arpin, les La Palud et les

Marseille dans les luttes à main plates, ou enlever des haltères insoulevables, aux applaudissements du public des arènes et des baraques de la foire.

Qui n'a eu occasion de le voir dans des bouis-bouis, entouré d'une façon pitoyable où les pitres et les *comiques* abondaient. Darcier entrait en scène — le silence se faisait comme par enchantement; il entonnait une de ses œuvres : un souffle d'art passait sur la salle, tout le public était suspendu aux lèvres de ce magicien populaire et recueillait religieusement la *Sainte-Bohème, Fournaise*, la *Canaille*, l'*Ami Soleil* ou *Jean Raisin*. Ah ! c'est qu'il phrasait comme personne ! Il détachait le mot avec une netteté sans pareille; la voix était chaude, pas très étendue, mais pénétrante et allait au cœur par le plus court chemin. Cette voix pleine de caresses, cette voix *enjôleuse*, qui tirait les pleurs avec *Madeleine* ou les *Doublons de ma ceinture*, et qui faisait frémir avec la 32e *Demi-Brigade* ou le *Bataillon de la Moselle en sabots*. Ses chansons patriotiques faisaient l'effet de petites Marseillaises, tant elles étaient intenses.

Ce charmeur avait un travers; il ne professait, au fond, un peu de respect que pour la force physique, et, sous ce rapport, André Gill, un Darcier du crayon, aura été un peu son élève. Un jour, en 1875, le chanteur rencontra au coin de la rue Chauchat un Italien de forte encolure qui était occupé à moudre le vieil air : *O pescatore d'ell'onda !* sur une serinette en bois d'olivier. Ce fut plus fort que lui, il s'approcha du musicien ambulant et d'une voix tonnante il l'interpella.

— S... n... de D..., lui dit-il, quand on est bâti comme toi, on est à soi-même son instrument !

Un de nos principaux auteurs dramatiques, alors fort jeune et fort en vogue, avait pour maîtresse une actrice brune, très jolie; Darcier la lui enleva en un tour de main, un peu en se jouant comme un clown.

— Ce freluquet, disait-il, ne savait lui faire que de belles phrases.

.˙.

— La mouche d'or!

Durant tout un hiver, Paris n'a juré que par miss Œnea, la mouche d'or.

Est-ce que cette miss Œnea descendait du fils d'Anchise? — En aucune façon. Ce n'en était pas moins une acrobate divine, ainsi que vous allez le voir.

Cette année-là, le Châtelet donnait une féerie qui ressemblait mot pour mot à toutes les féeries. Seulement on y voyait une nouveauté : les Jardins d'amour.

Dans les Jardins d'amour, on avait placé un ballet splendide et, pour assaisonner le ballet, le directeur avait fait venir de Londres une danseuse hors ligne : miss Œnea.

J'ouvre mon carnet de ce temps-là, et voici ce que j'y trouve.

« Cette jeune Anglaise a le costume d'une mouche ; le corselet est en or, les jupes en tulle lamé or; au dos s'agitent deux fines ailes diaprées.

» La danseuse fait avec deux de ses compagnes quelques pas de caractère, puis, s'élançant, elle prend son vol vers les frises, retombe, s'envole de nouveau, se pose sur les bras, les épaules, les mains de deux autres fines mouches, jusqu'au moment où, s'enlevant une dernière fois, elle prend son vol définitif et disparaît dans l'air.

Tout cela est d'un effet saisissant et magique ; ça été vivement applaudi et même redemandé. »

Qu'est devenue miss Œnea ? Un sillon dans l'air, un nom, presque rien, comme les libellules d'antan.

.˙.

Peut-être savez-vous que les environs du parc de Monceaux sont, de nos jours, le plus beau quartier de Paris. Tout autour du jardin s'élèvent de merveilleuses demeures. Pas très loin de là, M. Meissonier achève sa maison, laquelle est déjà monumentale. Avenue de Villiers, habite M. Alexandre Dumas. Même rue, mademoiselle Sarah Bernhardt, de la Comédie-Française, a une résidence, avec un atelier où elle fait de la sculpture. Il y a enfin, çà et là, dans la même zone, un grand nombre de riches financiers. Par là, aussi, les habitants sont réjouis tous les deux jours, savez-vous par quoi ? Par une école de trompettes de la garnison de Paris. Pour tout autre instrument, pour la grosse caisse, pour le tambour, pour le fifre même, le voisinage protesterait sans doute et demanderait grâce pour ses oreilles. Mais, vu la trompette, c'est tout à fait différent.

La trompette, surtout celle des carabiniers, est un langage riche, qui a ses mots, ses phrases, ses périodes ; c'est une voix surhumaine qui exprime toutes les idées utiles. Du matin au soir, elle dit à un homme : « —

» Allons, lève-toi ! — Habille-toi ! — Mange ta soupe ! —
» Réponds à l'appel ! — Monte à cheval ! — Fais-toi
» tuer ! — Charge ! — Bats en retraite, si tu n'es pas
» mort ! — Mange encore ta soupe ! — Cours éteindre
» l'incendie ! — Va à la frontière ! — Va te coucher ! »
— Tous ces thèmes, si variés, si gais et si dramatiques,
on les entend dans les environs du parc de Monceaux.
C'est pourquoi un propriétaire de la rue Alfred-de-
Vigny, pensant sans doute qu'il louerait plus avanta-
geusement ses immeubles, y a mis un écriteau ainsi
conçu :

« D'ICI ON JOUIT DE L'ÉCHO DES TROMPETTES. »

*
* *

O Ninette, où sont-ils, belle Muse adorée,
Ces accents pleins d'amour, de charme et de terreur,
Qui voltigeaient, le soir, sur ta lèvre inspirée,
Comme un parfum léger sur l'aubépine en fleur ?
Où vibre maintenant cette voix éplorée,
Cette harpe vivante, attachée à ton cœur ?

Cette merveilleuse Malibran, née Maria-Felicia Garcia,
qu'Alfred de Musset a célébrée en vers si charmants,
avait été la plus grande cantatrice des temps modernes.
Véritable prêtresse de la musique, elle ne vivait que
pour son art. Dans *Otello*, où elle jouait Desdemona, dès
qu'elle commençait la Romance du Saule, un frisson
d'effroi et de tendresse parcourait toute la salle des
Bouffons. En ce moment, on aurait pu voir les duchesses
spasmodiques du faubourg Saint-Germain pâles comme
de blanches statues. Un soir, une marquise se trouva

mal et dut être emportée à bras d'homme à la pharmacie voisine. Tant de poésie lui avait donné comme une attaque de nerfs. On couvrait de fleurs ou de branches de myrte l'étonnante chanteuse qui nous était venue d'Espagne.

— Si la mode était de jeter des diamants aux actrices, nous lui jetterions les nôtres, disait la princesse Bagration.

Dans l'intimité, la grande artiste était la plus simple et la meilleure des femmes. Rue Chauchat, où elle habitait avec sa sœur Pauline, (depuis madame Louis Viardot), il y avait en guise de portier un tailleur en vieux et ce tailleur avait pour fils un petit garçon des plus gentils. Madame Malibran laissait rarement s'écouler un jour sans faire une halte à la loge, où le babil de l'enfant l'amusait fort. A chaque fois, elle lui donnait des images d'Épinal ou des pralines. Y avait-il donc un courant magnétique entre l'illustre femme et ce bambin? Ce qu'il y a de sûr, c'est que, plus tard, le fils du tailleur de la rue Chauchat a été un poète et même un homme célèbre. Il n'était autre qu'Henry Murger, l'auteur des *Scènes de la vie de Bohème*, mais madame Malibran ne devait pas le voir grandir.

Les biographes racontent mille et un traits curieux relativement à la fille aînée de Garcia, laquelle a eu pour amies la comtesse Merlin, Marie Dorval et madame Émile de Girardin, première du nom. Tous ceux qui l'aimaient, la voyant prendre son art trop au sérieux, la pressaient de s'amasser vite un peu d'argent afin de s'acheter une villa au bord du lac Majeur ou une petite maison sous les feuilles, quelque part dans les environs de Paris. La diva avoir un peu d'ordre ! La Malibran se donner la peine de savoir si une pièce d'or valait plus qu'une pièce de cuivre ! Cela ne se pouvait pas, et cela ne s'est pas fait. Et pourtant elle avait, au fond, le plus grand désir de s'arracher des épaules la robe de Nessus qui lui brûlait les os. C'est ce que prouve une lettre intime, datée de 1830, lettre que nous avons eue, un moment, entre les mains. Très jolie lettre intime dans laquelle elle donne à son frère des nouvelles de sa santé et lui rend compte de l'emploi de son temps. Elle est accablée de travail ; en dehors d'un rôle à apprendre, il lui faut répondre à de nombreuses propositions d'engagement ; elle le prie donc de l'excuser si elle ne lui écrit pas plus souvent, et ajoute : « Plaignez-moi et priez le bon Dieu qu'il me délivre bientôt de ce *chien* de théâtre qui pourtant est mon pain. » — La diva a été délivrée, à dix ans de là, mais par la mort.

.·.

Cet aimable et très aimable docteur Cabarrus, qui est mort il y a quelques années, était le fils de la très belle madame Tallien avant qu'elle fût devenue la princesse Joseph de Chimay. Etait-il savant ? Il était aimable. Guérissait-il ? Oui, en causant et en faisant de l'homéopathie. Le docteur Cabarrus, homme de plaisir, avant tout, voulait qu'on s'étudiât à ne voir la vie qu'en rose ; c'était, chez lui, le principe de la médecine. S'amuser, mais modérément, y a-t-il une meilleure pharmacie ? Il prêchait cette théorie à sa clientèle presque exclusivement faite de grandes dames, de riches étrangers, de chanteuses d'Opéra et d'artistes en tout genre. Il est juste d'y ajouter les gros financiers, butors de bon ton qui se modèlent toujours sur les gens de théâtre.

Bref, le docteur Cabarrus n'était pas le soldat d'une idée, ni un de ces plongeurs qui vont chercher une perle dans les abîmes de la science; c'était un sybarite, un vrai médecin des temps de décadence. Il a entendu plus de musique qu'il n'a ouvert de livres graves. On a beaucoup cité son mot : « L'homme ne sait pas assez tirer » parti de la terre. Notre planète est un paradis mé- » connu. » Quoiqu'il eût les allures d'un sceptique, il se montrait souvent serviable.

Quand il mourut, M. Emile de Girardin, encore très vert, jeta sur le papier quelques lignes pleines d'attendrissement et qui valent presque une des belles élégies de madame Delphine Gay, sa première femme, Nous reproduisons ici ces strophes en prose :

Celui qui fut l'ami de toute ma vie, depuis le jour de ma naissance, sans avoir cessé de l'être, Edouard de Cabarrus, le fils de madame Tallien, avant qu'elle fût devenue la princesse Joseph de Chimay, s'est éteint ce matin comme il avait toujours vécu, le sourire sur les lèvres. On peut dire que la mort l'a épargné, car elle l'a enlevé en prenant le soin de se cacher, afin qu'il ne la vît pas venir. Les nombreux clients du docteur Cabarrus, ses nombreux amis le regretteront; mais aucun d'eux ne le regrettera aussi vivement que moi, car des amis qui se sont toujours restés fidèles du berceau au tombeau deviennent de véritables frères. C'est donc un frère que je perds aujourd'hui. Il m'a précédé de quatre ou cinq ans dans la vie; il était mon aîné; sa mort me montre le chemin où je n'aurai plus qu'à le suivre, le deuil dans le cœur.

．．

En 1854, je demandais déjà de toutes mes forces un préservatif contre une chanson tirée du *Bijou perdu*, un assez joli opéra du Théâtre-Lyrique. C'était la romance des *Fraises*, trop mise à la mode par madame Marie Cabel.

Il n'était plus possible de passer dix minutes à Paris sans entendre hurler, de dix pas en dix pas :

— *Ah qu'il fait donc bon ! qu'il fait donc bon cueillir la fraise !*

Quand la voix humaine se taisait, l'orgue de barbarie commençait.

Après l'orgue, le piano faisait un sabbat d'enfer ; le piano, qui prolonge si douloureusement tous les airs sous prétexte de variations.

Si l'on s'enfuyait à la campagne, c'était bien pis. Tous les soulards des guinguettes suburbaines n'avaient plus autre chose à la bouche. Ils braillaient en chœur d'une voix de tonnerre :

— *Ah ! qu'il fait donc bon, — qu'il fait donc bon, — cueillir la fraise ! Ah qu'il fait donc bon, mamzelle Thérèse !*

— Décidément, disais-je, que mademoiselle Thérèse aille au diable, je le lui souhaite de tout mon cœur.

Après ce coup de temps-là, il y en eut plusieurs autres :

— *Le Sire de Framboisy !*

— *Ah ! il a des bottes, Bastien, il a des bottes !*

Et puis tout le répertoire de Thérésa :

— *La Gardeuse d'ours.* — *Rien n'est sacré pour un sapeur.*
— *C'est pas dans l'nez que ça m'chatouille !*
En 1878, rappelez-vous-le, c'était l'*Amant d'Amanda :*

> C'est l'amant d'A,
> C'est l'amant d'A,
> C'est l'amant d'Amanda !

Je sais bien qu'il y a eu aussi une sorte de chef-d'œuvre : *Le Baptême du p'tit ébéniste :*

> Que j'aime à voir, autour de cette table,
> Des scieurs de long, des ébénisses,
> Des entrepreneurs de bâtisses,
> Que c'est comme un bouquet de fleurs.

Mais attendez ! D'abord cela s'est chanté dans les théâtres et non dans les rues; en second lieu, il y avait là-dedans une intention satirique, peut-être fort inopportune, puisqu'on y *blaguait* le chauvinisme des masses, mais enfin, pensée et forme, l'œil y trouvait un travail d'artiste.

* *

Athéniens de Paris, se peut-il que vous ayez tout à fait oublié une jeune Américaine qui nous a fait tourner la tête à tous, pendant six mois ? Alexandre Dumas père, a été le plus ensorcelé, ainsi que le font voir dix ou douze photographies, fort nues, dont les amateurs du genre ont cru devoir orner leurs albums. Il est bien vrai qu'il n'yavait rien de plus séduisant que miss Adah Isaacs Menken, une Vénus de Milo qui nous était venue de par de là les mers. Ah ! ce n'était pas qu'un beau corps; il y avait au dedans, en guise de flamme, une âme étrange, harmonieuse, mystique, exaltée. Cette belle Iankee était musicienne, poète et comédienne. C'est pourquoi, lorsqu'elle arriva de New-York à Paris, on en fit quelque chose comme une écuyère.

Jugez si quelques-uns des habitués de l'orchestre, à la Gaîté, furent étonnés. Ces délicats avaient plus ou moins lu un curieux volume de vers intimes, intitulé : *Infelicia* dont la débutante était l'auteur. Qu'étaient-ce que ces stances ? Les *Méditations sur la mort et sur l'éternité*, publiées par Sa Majesté la reine Victoria, ne sont pas d'un accent plus grave et plus recueilli que ces effusions lyriques d'une étoile de Cirque.

Dans les *Pirates de la Savane*, on attachait toute nue l'adorable miss Adah Menken, aussi nue que le permettait la décence de nos mœurs, à la croupe d'un cheval fougueux. Aussitôt, la « femme Mazeppa » c'était le sobriquet qu'elle avait apporté de Londres, traversait la scène en cet appareil, au milieu d'un triple tonnerre de bravos. — Ce fut, en la voyant des coulisses, que l'auteur d'*Antony*, déjà sexagénaire, s'enflamma. MM. les photographes les ont exposés publiquement, sans aucun empêchement de la part de la censure, aussi nus l'un et l'autre que s'ils eussent joué dans le mélodrame précité.

Les poésies d'Adah Menken parurent après sa mort prématurée, et il semble qu'elles étaient sérieusement authentiques. Dans ce corps de femme si bruyamment, si brutalement exhibé, il y avait donc une âme tendre, mystérieuse et repliée sur elle-même, avec des soupirs d'ange meurtri dans sa chute du ciel. En plein triomphe de la matière, l'esprit a de ces revanches-là.

⁎ ⁎

L'habitude d'aller à l'Opéra voir et applaudir les ballets mène logiquement à danser dans la rue.

Mais, d'abord, une courte parenthèse.

A-t-on aujourd'hui une gaieté équivalente à celle qu'on avait il y a trente ans ?

Question à étudier et à résoudre.

Eugène Briffaut, non moins connu par ses spirituels feuilletons que par ses joyeux soupers, passait, à la pointe du jour, en sortant d'un *médianoche* où le champagne n'avait pas été épargné, devant la porte Saint-Martin, lorsqu'il crut s'apercevoir que le monument dansait.

Eugène Briffaut se mit de la partie et risqua un joyeux pas de Basque.

Un de ses amis qui rentrait, le voyant se livrer à cet exercice, lui demanda ce qu'il faisait là à pareille heure.

— Tu le vois, dit le feuilletonniste, je danse avec la porte Saint-Martin. Veux-tu me faire un plaisir ? Va inviter la porte Saint-Denis. Tu nous feras vis-à-vis.

⁎ ⁎

Un critique musical s'écriait il y a quelques jours :

— Paris est désormais une ville peuplée de mélomanes.

Il faut admettre, en ce cas, que le sentiment de la

mélodie nous est venu un beau jour tout d'un coup, comme le macadam.

Il y a cent ans, ou peut s'en faut, Voltaire, essayant de consoler Grétry d'un insuccès causé par le beau monde, lui disait :

> Grétry, les oreilles des grands
> Sont souvent de grandes oreilles.

Le même satiriste, brodant sur la même idée, s'écriait, un autre jour :

« Les Parisiens sont un animal qui a des oreilles en maroquin. »

Vous le voyez, les oreilles de ses contemporains préoccupaient beaucoup Voltaire.

Ont-elles disparu ces oreilles-là, ou bien ont-elles fini par faire leur éducation ?

Ce serait une question à résoudre. L'affaire est trop grave. Le plus simple est de s'en rapporter au mot du critique musical que je citais en commençant :

— « Paris est désormais une ville peuplée de mélomanes. »

Sous ce rapport, il existe une échelle comme en toute chose.

∴

En 1869, on rencontrait tous les jours sur le boulevard des Italiens, surtout quand il faisait soleil, un homme à la physionomie tout à la fois énergique et douce. Celui-là avait le nez en forme de bec d'aigle, le sourire trempé de mélancolie, l'œil tourné vers les lointains fugitifs de l'horizon ; c'était Hector Berlioz, l'Orphée du lendemain de 1830, le premier qui ait importé en France la belle musique allemande, l'homme à qui Paganini a laissé 25,000 francs par un article de son testament afin de l'aider à continuer ses patientes études. Cet opiniâtre étudiant de la science des sons ne pouvait se défendre de rire, comme l'auteur de *Candide*, quand on lui parlait du prétendu sens musical des Parisiens. Volontiers il vous arrêtait sur l'asphalte pour vous raconter en confidence le trait que voici :

— Un jour, j'emmène avec moi un élégant, un millionnaire du jour, à l'exécution d'une des plus belles symphonies de Beethowen. Au sortir de ce bain d'harmonie, quand j'étais encore sous le charme des mélodies de la grande muse germanique, l'homme m'interpellant tout à coup, me dit : « Croyez-vous qu'on puisse mettre ça dans une tabatière à musique ? » Si j'avais eu à la main un revolver chargé, je lui eusse probablement brûlé la cervelle !

On pourrait bien compter à l'heure qu'il est dans nos murs cent mille mélomanes du genre de l'homme à la tabatière.

. . .

Où le mélomane fleurira-t-il, si ce n'est à l'Académie nationale de musique ?

A l'Opéra, combien de gens affectent le désir de sentir l'art divin de la musique chez qui ce goût d'emprunt n'est qu'une passion fausse et une occasion de mettre des gants blancs !

Sur trois cents abonnés de l'orchestre, il y en a deux

cent soixante quinze qui font semblant d'aimer les opéras et qui n'aiment que les ballets. Que leur font les cavatines, les trilles, les chœurs, les mélodies, quand il s'agit des jambes des danseuses?

Rossini dit d'eux :

— Ce sont des gaillards qui vont entendre les pirouettes.

Après les ailes d'hirondelles et les bouillons, ces mélomanes-là s'endorment ou s'en vont.

Il vaut mieux qu'ils s'en aillent.

.˙.

Musiciens, si vous voulez m'en croire, ne faites que de la musique.

Il y a longtemps, très longtemps, de ça, vivait, sur les bords du Rhin, le margrave Henreich de Frionbolcim.

Bon compagnon, aimant les femmes, la musique, les festins, il avait pour maître de chapelle un très bon musicien, nommé Wilhelm Kreisler.

Un jour, il prit l'artiste à part, et lui dit :

— Maître Wilhelm, je suis content de la manière dont vous jouez de l'orgue. Pour vous témoigner toute ma satisfaction, je veux vous faire un cadeau digne de vous.

Qu'est-ce donc, monseigneur?

— Descendez à ma cave et prenez-y le tonneau du meilleur vin. Ce sera pour vous.

— C'est ça, Altesse. Je m'en servirai pour me mettre le nez en couleur.

Maître Wilhelm Kreisler avait souvent le petit mot pour rire.

Très obéissant au fond, il descendit donc à la cave du seigneur, accompagné du sommelier.

— Tenez, lui dit cet officier, voilà la rangée des meilleurs crus. Choisissez.

Alors, le joueur d'orgue passa en revue les divers tonneaux.

Agissant plus en artiste qu'en bon biberon, il approchait l'oreille des tonnes et frappait afin d'entendre le son qu'elles rendaient.

— Pan ! pan ! pan ! En voilà un qui est fort agréablement sonore. Ce doit être le meilleur.

Il le désigna donc et donna ordre de le mener chez lui.

C'était un tonneau vide !

Musiciens, si vous voulez m'en croire, ne vous occupez que de musique, et ne faites pas de musique mal à propos.

*
* *

On sait qu'il existe à Paris des hommes qui font métier de chercher des ténors et de les présenter à l'Opéra.

Un des contemporains auxquels on attribue une haute influence sur le choix et l'admission des artistes, laisse volontiers croire à ce pouvoir qu'on lui suppose. Il engage surtout les postulants à le venir voir souvent. Séduits et attirés par cette bienveillance, les virtuoses reviennent volontiers ; la matinée est le moment naturel de leurs visites.

Ils trouvent le patron toujours très affairé.

— Mon Dieu, leur dit-il, je dois, ce matin, voir le directeur de l'Opéra ; mais je ne peux pas sortir ; mon domestique est allé se marier dans son pays. Ainsi, mes bottes et mes habits ne sont pas prêts. J'en suis fâché, j'aurais vu le directeur, je lui aurais parlé de vous.

— Mais, monsieur, dit le ténor, en l'absence de votre domestique, je peux bien...

— Ah ! je ne souffrirai pas, mon cher.

Le ténor cire les bottes et brosse les habits.

Une autre fois, il s'agit d'un mémoire à copier et qu'il faut remettre au plus tôt à la direction des Beaux-Arts ; ce serait l'occasion de glisser un mot propice.

Le ténor copie le mémoire.

Chez cet habile homme, les ténors se suivent et se ressemblent tous.

Il est ainsi servi le plus mélodieusement possible une partie de l'année sans payer de valet et sans donner d'autres gages qu'un espoir qui ne se réalise jamais.

*
* *

Un *fruit sec* du *Chat noir* s'est enrôlé dans une troupe ambulante des départements.

Il se nomme Thémistocle Kosmajeac et a un peu de voix.

Il y a quelque temps, il fit son apparition sur la scène, au théâtre d'Angoulême.

On ne sait pourquoi, mais des sifflets l'accueillirent à son entrée.

Sans paraître ému de la réception, l'ancien habitué du *Chat noir* s'avance sur l'avant-scène, et, s'adressant au parterre, dit très nettement :

— Messieurs c'est pitié de vous entendre si mal siffler. Permettez-moi de vous faire voir comment il faut s'y prendre.

Là-dessus, l'artiste se mit un instant à siffler, avec les modulations les plus harmoniques, un air d'*Orphée aux enfers* et un air des *Cloches de Corneville*.

A ce concert inattendu, les applaudissements succédèrent au bruit de la clef forcée, et depuis ce moment, le public d'Angoulême, parodiant la formule de conversation des *Mille et une nuits*, dit tous les soirs à Thémistocle Kosmajeac :

— Si vous ne chantez pas, sifflez-nous un de ces jolis airs que vous sifflez si bien.

En sorte que le directeur de la troupe fait recette avec son rossignol.

*
* *

Expliquez ça, s'il vous plaît : il n'y a pas de plus affreux métier que celui de directeur de théâtre, et tout le monde veut être directeur de théâtre.

Le premier chien coiffé qui passe dans la rue vous dit :

— Ah! si l'on me confiait une direction !

Quel appât y a-t-il donc derrière le rideau ?

Eh, mon Dieu ! toujours la même folie, toujours la même rengaine, toujours le même trompe-l'œil. Les actrices ! Ah çà, en quoi les actrices, qu'on envie tant, sont-elles donc différentes des autres femmes, qu'on s'applique tant à délaisser?

* *

Tôt ou tard, sauf de très rares exceptions, un directeur de théâtre fait faillite.

Feu Harel disait :

— Sur trois cent soixante-cinq jours dont se compose l'année, un directeur de théâtre ne dort guère que quinze ou dix-huit fois : tout le reste est composé de nuits blanches.

Le pauvre Adrien Huart disait :

— Je m'attends sans cesse à lire dans les journaux une formule ainsi conçue :

« M Z..., qui a été condamné aux travaux forcés à perpétuité pour tentative d'assassinat sur la personne de son propriétaire, vient de voir sa peine commuée en dix années de direction. »

FIN

TABLE DES MATIÈRES

Dédicace	V
Pourquoi ce titre	VII
I. — L'Opéra de la rue	1
II. — Alexandre Boucher, violon du roi d'Espagne . .	21
III. — Mademoiselle Pierrette	43
IV. — Un nez d'artiste	53
V. — Nos Orphées.	59
VI. — Les sauteries.	77
VII. — Dans la forêt.	81
VIII. — François Delsarte.	91
IX. — Pendant le carême.	101
X. — Victorine! Victorine!.	109
XI. — La bague de Lauraguais	115
XII — Pourquoi va-t-on aux eaux?	123
XIII. — Le retour	127
XIV. — Mademoiselle Rachel, chanteuse des rues	131
XV. — Un amour monté sur diamants	137
XVI. — Histoire d'un violon	143
XVII. — Charles de Besselièvre.	157
XVIII. — La Bouclée	165
XIX. — La comtesse Tocandine de ***	173
XX. — Léon Gatayes, harpiste de Louis XVIII	177
XXI. — Une femme sous les scellés	189
XXII. — Un mariage au piano	197
XXIII. — L'homme qui vous désillusionne	203

		Pages.
XXIV.	— Chanson des paysans du Berri	209
XXV.	— La polka désavouée.	213
XXVI.	— Que deviennent les lauréats du Conservatoire?	219
XXVII.	— Ce que c'est que bâtir un théâtre	229
XXVIII.	— Méry, musicien.	239
XXIX.	— A bas la lyre!	255
XXX.	— Actrices et femmes du monde.	259
XXXI.	— Un roman en mer	263
XXXII.	— Adelina Patti à l'Eden	267
XXXIII.	— Trilles, Andantes et Allegri.	275

FIN DE LA TABLE DES MATIÈRES

Émile Colin. — Imprimerie de Lagny.

Original en couleur
NF Z 43-120-8

www.ingramcontent.com/pod-product-compliance
Lightning Source LLC
Chambersburg PA
CBHW071254160426
43196CB00009B/1281